CHR. PFISTER

PROFESSEUR A LA SORBONNE

NANCY EN 1814

(Extrait des Mémoires de l'Académie de Stanislas, 1914-1915)

NANCY

IMPRIMERIE BERGER-LEVRAULT

18, RUE DES GLACIS, 18

1916

CHR. PFISTER

PROFESSEUR A LA SORBONNE

—

NANCY EN 1814

———

(Extrait des *Mémoires de l'Académie de Stanislas*, 1914-1915)

———

NANCY

IMPRIMERIE BERGER-LEVRAULT

18, RUE DES GLACIS, 18

—

1916

NANCY EN 1814 [1]

1814! Il y a cent ans.,. Dans une série de conférences faites à Paris ont été évoqués les faits généraux qui se sont déroulés en France lors de cette triste année et ont été dégagées les leçons qui en ressortent. Je voudrais vous raconter ce qui s'est passé à Nancy du 1er janvier au 31 décembre en ce centenaire que nous célébrons, vous dire les sacrifices que notre ville a dû s'imposer pour la patrie française, vous dépeindre les vrais sentiments de la population, la défendre aussi de certaines calomnies qui ont été lancées contre elle.

I

Le 1er janvier 1814 fut pour les habitants de Nancy une journée d'angoisse. On savait que, d'un côté, les troupes autrichiennes avec Schwarzenberg

---

(1) Conférence faite à Nancy le lundi 23 mars 1914, imprimée avec des développements nouveaux. Nous ne modifions point notre étude telle qu'elle était écrite avant les événements d'août 1914 ; le lecteur n'y trouvera aucune allusion à la guerre actuelle.

avaient franchi le Rhin, qu'elles s'étaient répandues
en Alsace, qu'elles pouvaient déboucher d'un moment
à l'autre sur la Lorraine par les cols de Sainte-Marie-
aux-Mines ou de Bussang ; que, d'un autre côté, l'armée prussienne avec Blücher allait passer le même
Rhin du côté de Mayence et s'avancer à marches for-
cées vers Nancy par Saint-Avold et Château-Salins.
Des deux côtés Nancy était menacée. Or, elle était en
1814, comme aujourd'hui, une ville ouverte. Quelques
bastions relevés par Louis XIV étaient bien encore
debout ; mais les remparts autour de la Ville-Vieille
avaient été en grande partie démolis, et autour de
la Ville-Neuve il n'existait qu'un mur d'octroi datant
du duc Léopold. Dans la ville il n'y avait d'autres
troupes que les fuyards français et des conscrits qui
étaient instruits à la hâte ; car sous le premier Empire
— si étrange que le fait nous puisse paraître — Nancy
était à peu près vide de soldats : les soldats étaient
au loin, dans les plaines de l'Allemagne, dans les
steppes de la Russie, sur les hauts plateaux de l'Espagne. La police était faite péniblement par quelques
gendarmes, la compagnie de réserve départementale
et la garde nationale sédentaire. Mais, s'il n'y avait
pas à Nancy de soldats, la caserne Sainte-Catherine et
le Quartier-Neuf, situé derrière le Palais ducal, à l'em-
placement où s'élève aujourd'hui la gendarmerie,
étaient remplis de prisonniers de guerre de toutes les
nationalités, Anglais, Russes, Allemands, Espagnols,
surtout des Espagnols ; il y en avait à la fin de 1813
plus de 6.000 dans le département de la Meurthe. Ces
prisonniers s'étaient réjouis en 1813 des nouvelles re-

çues, de la déroute de Leipzig, de la retraite de l'armée française et ils constituaient pour Nancy un véritable danger. La ville regorgeait aussi de blessés qui avaient été évacués des champs de bataille de l'Allemagne; l'hôpital militaire, l'hôpital civil de Saint-Charles étaient bondés et l'on dut renvoyer beaucoup de ces malheureux dans l'ancienne Chartreuse de Bosserville où une ambulance fut improvisée (1). Les médecins civils et militaires étaient harassés, demandaient partout des aides, et, pour comble de malheur, le typhus se répandit dans la cité. La mortalité fut très grande; le 30 novembre 1813 avait succombé le préfet du département de la Meurthe, Honoré Riouffe, atteint du mal contracté lors d'une visite dans les hôpitaux : il était mort victime de son dévouement, au poste d'honneur. Au moment le plus critique, la Meurthe perdait son premier magistrat; le Gouvernement sans doute s'empressa de le remplacer; il nomma le 23 décembre à la tête du département le baron de Fréville (2), préfet du Vaucluse; mais il

---

(1) M. Émile BADEL, dans sa brochure *Le Monument de Bosserville aux soldats morts pour la patrie en 1793-1794 et en 1813-1814*, a relevé dans les registres de l'état civil d'Art-sur-Meurthe les noms de 355 soldats, décédés du 14 novembre 1813 au 31 janvier 1814, et beaucoup d'autres sont portés sous la dénomination : Inconnu. Ils furent enterrés dans les deux étangs qui avaient autrefois servi de viviers aux chartreux, dans le bois Robin.

(2) Le baron Jean-Baptiste-Maximilien de Fréville, né à Paris le 6 mars 1773, avait été agent diplomatique depuis la fin de 1794; il fut envoyé à Florence en 1797, à Turin et à Vienne en 1798, à Madrid en 1800. Il entra la même année au tribunat où il resta jusqu'à la suppression de ce corps en 1807. En 1808, il fut chargé d'une mission en Espagne et y fut

fallait que celui-ci reçût sa nomination à Avignon,
qu'il vînt d'Avignon à Nancy, et il ne put être à son
poste, après s'être hâté le plus possible, qu'au début
de janvier. Nous verrons qu'il ne resta à Nancy
qu'une seule journée; depuis la mort de Riouffe, les
événements s'étaient succédé avec une rapidité fou-
droyante.

Après la mort du préfet et en attendant l'arrivée
de son successeur, l'administration du département
fut prise en mains par le secrétaire général de la préfecture, Wallet-Merville (1). Celui-ci déploya une
activité assez grande. L'Empereur venait d'ordonner
la levée de nouveaux conscrits; il avait aussi créé,
par décret du 21 octobre 1813, de nouveaux bataillons
de la garde nationale qui devaient être appelés après
leur formation au service actif. Wallet-Merville leva
le contingent imposé à la Meurthe, expédia à l'armée
900 conscrits et 650 gardes nationaux. Les conscrits
étaient à peu près tous des gens mariés ou des
hommes qui avaient été refusés précédemment à
cause de la faiblesse de leur constitution. Merville
s'efforça de trouver des armes et des vêtements aux
gardes nationaux, tâche très difficile puisque les magasins étaient vides; il réquisitionna les fusils des
particuliers. Il fit de son mieux; mais les résultats

---

nommé, après l'occupation française, président de la Commis-
sion des séquestres et indemnités. Le 14 août 1811, il est nommé
préfet de Jemmapes, le 12 mars 1813, préfet du Vaucluse
(Arch. nat., F^{1b} I. 164^{14}. Communiqué par M. Louis Debidour).

(1) Ce poste aurait dû revenir au doyen des conseillers de
préfecture Villiez; mais celui-ci était alors malade.

furent médiocres. Cependant le Gouvernement comprit que par suite des menaces d'invasion des mesures exceptionnelles s'imposaient. Il envoya, à l'exemple de la Convention, dans toutes les divisions militaires des commissaires extraordinaires pour préparer la résistance à l'ennemi et organiser des compagnies franches. Le département de la Meurthe formait alors avec celui des Vosges la 4e division militaire qui avait à sa tête le général Lacoste du Vivier, résidant au palais du Gouvernement à Nancy. Lacoste était malade et très fatigué : on laissait à la tête de ces divisions militaires des hommes qui ne pouvaient plus fournir le service actif sur les champs de bataille; son zèle avait besoin d'être réveillé par le commissaire extraordinaire. Malheureusement il ne semble pas que le choix de ce commissaire pour la 4e division fût heureux. On envoya un civil, Jean-Victor Colchen, d'origine messine, jadis, au temps du Consulat, préfet de la Moselle, aujourd'hui membre du Sénat conservateur; mais le Sénat de Napoléon Ier ne ressemblait guère à la Convention, ni Colchen, qui comptait soixante-sept ans, aux jeunes représentants en mission de l'assemblée républicaine. Colchen vint à Nancy le dimanche 4 janvier, descendit à l'Évêché sur la Place Stanislas, appelée alors la Place Napoléon, et, le soir même, il lança sa proclamation (1) : les habitants de la 4e division militaire doivent se porter tous à l'ennemi; ils s'organiseront en compagnies franches de la Meurthe et des Vosges, destinées

---

(1) Placard in-folio à Nancy, de l'imprimerie de la préfecture. — Cf. arrêt du 5 janvier.

au service de partisans. Tout ce que ces hommes
prendront á l'ennemi leur appartiendra de droit.
Tous les habitants en état de porter les armes sont
invités à se faire inscrire au secrétariat de la mairie
dans les vingt-quatre heures ; ils s'armeront, comme
ils pourront, de fusils, au besoin de haches et de faux.
Les jours suivants, Colchen s'occupe de la levée de
ces compagnies. Le premier jour, à Nancy, trente-
cinq personnes se présentèrent ; il y avait de tout
jeunes gens. Parmi eux, signalons Poirson, âgé de
seize ans et demi. Il était fils d'un conseiller à la
cour impériale, très beau jeune homme et d'une bril-
lante éducation. Mais son exemple ne fut pas trop
suivi (1).

Tandis que ces partisans devaient harceler l'ennemi, les autres habitants étaient invités à se retirer
à l'intérieur. Devant les puissances alliées, les Français devaient faire le vide : on était hanté par certains
souvenirs de l'histoire romaine. Dans sa vibrante
proclamation, Colchen s'écrie : « L'ennemi est à vos
portes... qu'il trouve nos cités désertes. Eh ! serions-
nous moins généreux, moins grands que d'autres
peuples qui, dans de semblables circonstances, n'ont
pas hésité de transformer en déserts les contrées
qu'ils ne pouvaient plus défendre ? Oublierions-nous
que des sujets fidèles manqueraient à un de leurs
premiers devoirs, en vivant sous la domination pas-
sagère de l'ennemi. N'est-ce pas d'ailleurs le combattre d'une façon efficace que d'anéantir toutes les

____

(1) Lettre de Merville au ministre de l'Intérieur.

ressources qu'il pourrait trouver dans les pays
occupés par ses armées? » En conséquence, ordre est
donné à tous les fonctionnaires de gagner l'intérieur
et d'abandonner leur poste; il ne faut pas que l'ennemi puisse les contraindre à administrer en son
nom et lieu. Ce ne sont pas seulement les fonctionnaires de l'État ou du département, ce sont
encore les fonctionnaires municipaux qui doivent
abandonner Nancy à son sort; ce ne sont pas seulement les fonctionnaires, ce sont tous les habitants
aisés de la ville, ce sont les cultivateurs des campagnes qui doivent gagner l'intérieur, avec leurs
chevaux, leurs voitures, leurs denrées, tout ce qui
pourrait servir à l'ennemi! Et les jours suivants,
du 5 au 10 janvier, ce fut un déménagement hâtif,
fébrile de tous les objets qui appartenaient à l'État;
on transporta sur la route de Châlons le numéraire
des caisses publiques; on évacua sur Metz, qui va
subir un glorieux siège, ce qui restait à Nancy de
poudre et de salpêtre, et aussi le tabac de la manu-
facture de la rue de l'Équitation; on déménagea
aussi, si je puis dire, les prisonniers de guerre qui,
en longues files, prirent la route de Paris (1); restait à fixer aux fonctionnaires la date où ils devaient
eux-mêmes se mettre en route (2).

---

(1) Quelques prisonniers espagnols demeurèrent à Nancy
pendant l'occupation; ils furent logés dans un pavillon de
la caserne Sainte-Catherine, et il fallut les entretenir comme
les Prussiens, d'où cette rubrique bizarre qu'on trouve sur les
registres de la municipalité : rations prussiennes aux Espagnols.

(2) D'après une feuille volante imprimée (**Archives** muni-

Quels furent, en ces journées, les sentiments de la population nancéienne? Les rapports qui furent envoyés par les autorités locales au ministère de l'Intérieur ou au ministère de Police sont quelque peu contradictoires. Le préfet Riouffe est très pessimiste. Dans une lettre qu'il écrit quelques jours avant sa mort, le 13 novembre 1813, au ministre de Police et qu'il appelle lettre *ultra-confidentielle*, il signale de fâcheux symptômes. Le peuple tient des propos sur l'augmentation des impôts, particulièrement des droits réunis qui sont de plus en plus odieux : « On ne peut se dissimuler qu'il y a une sorte de consternation dans les âmes » — le mot est à retenir. Et un peu plus loin : « L'esprit de Nancy et des villes est en général mauvais. Si on ne les occupe fortement chez elles, elles porteront la contagion dans les campagnes... A mesure que l'ennemi s'est approché de nos frontières, j'ai vu prévaloir et même se produire, quoique non encore tout à fait à découvert, le soin de la conservation qui caractérise les villes ouvertes et sans défense. » Et Riouffe indique que les hommes revenus de l'armée sèment la crainte; il fait redouter comme un mouvement séparatiste : « Il ne faut pas perdre de vue que la Meurthe s'appelait autrefois la Lorraine (1). » Un mois plus tard, le 19 décembre

____

cipales) et qui est l'œuvre d'un témoin oculaire, confondant un peu les dates, mais ayant gardé souvenir net des événements, une pièce de canon fut braquée au faubourg Saint-Pierre vis-à-vis de la rue de la Prairie et deux autres au-dessus de Jarville. Cette nouvelle jeta l'alarme dans la population et, devant l'affolement général, on fit disparaître ces engins.

(1) Arch. nat. F⁷ 6600.

1813, dans une dépêche aussi tout à fait confidentielle, le secrétaire général Merville assure au contraire au ministre de l'Intérieur que « l'esprit public est à Nancy aussi bon qu'on peut, sinon le désirer, du moins l'espérer dans les circonstances actuelles, au milieu des inquiétudes toujours existantes ». La conscription cause des plaintes, mais non pas des murmures. Tous les habitants sont prêts aux sacrifices, les uns par dévouement inébranlable envers le souverain et la patrie, les autres par sentiment de résignation et désir de voir leur pays à l'abri de toute invasion (1)... Ainsi parle Merville, établi depuis longtemps à Nancy et qui était d'origine messine. La vérité est sans doute entre ces deux assertions. Oui, les Nancéiens déploraient l'approche des Prussiens et des Cosaques, dont l'on racontait des traits farouches ; ils étaient disposés à faire de réels sacrifices pour les arrêter ; mais ils étaient aussi las des exigences du régime impérial ; et, quand le comte Colchen parlait aux habitants de se retirer à l'intérieur, la plupart d'entre eux regimbaient. Ils ne pouvaient laisser leur famille et faire de Nancy un désert. Ils trouvaient de tels ordres barbares. Le 12 janvier au soir, les autorités de l'État quittèrent la cité ; le nouveau préfet Fréville était arrivé la veille au milieu de toutes sortes d'aventures. A peine put-il prendre contact avec ses subordonnés et voici qu'il reprenait la route de Toul, accompagné du secrétaire général Wallet-Merville, de l'évêque nommé, mais non reconnu, Mgr Costaz, du général

---

(1) Arch. nat. F[1] 611 Meurthe, 8.

commandant la 4ᵉ division Lacoste, de la plupart
des sous-préfets du département. Ces personnages
furent suivis le 13 janvier par les fonctionnaires des
Finances et des Forêts; faute d'employés, l'octroi de
la ville cessa d'être perçu à partir de ce jour.
Tristes journées d'exode en vérité, dont longtemps
nos ancêtres ont conservé le souvenir!

Cependant le maire, François-Antoine Lallemand,
avait décidé de rester à son poste : on ne pouvait
abandonner à elle-même une ville de 30.000 âmes.
Lallemand, originaire de Lixheim, dans la partie de
la Lorraine où l'on parlait allemand, avait été à
deux reprises maire de la ville au temps de la Convention, avant et après la Terreur; le 15 janvier 1798,
il avait été nommé président de l'administration municipale, puis, avec la nouvelle constitution de l'an VIII,
maire, et il était ainsi à la tête de la cité depuis seize ans
consécutifs. Il s'était véritablement identifié avec elle.
Il avait rendu à ses administrés de très grands services. Médecin, il avait prodigué ses soins aux malades,
et, célibataire, il donnait aux affaires de la ville tout
le temps que lui laissait sa profession. Aussi il ne
put se résoudre à partir. La plupart des conseillers
municipaux imitèrent son exemple (1). Sous la Révo-

---

(1) Le maire et les conseillers qui restaient lancèrent la
proclamation suivante le 13 janvier : « Le maire, les adjoints
et les membres du Conseil municipal à leurs concitoyens. Si
les armées des puissances coalisées pénétraient sur le territoire de cette ville, vos Magistrats sont à leur poste et reste-
ront en permanence pour veiller au maintien du bon ordre et
de la tranquillité publique. Mais, dans votre propre intérêt
comme dans celui de vos familles, vous devez rester calmes et

lution, les citoyens de Nancy se partageaient en deux
catégories : ceux qui avaient signé le 2 septembre
1792 pour la conservation de la statue de Louis XV,
et les autres. Désormais on distingua ceux qui étaient
partis les 12 et 13 janvier et ceux qui étaient restés.
A ceux-ci s'attachait le soupçon. Le préfet Fréville
écrit au ministre de l'Intérieur : « On parle du maire
de Nancy avec éloges; mais il aurait dû rentrer à
l'intérieur (1). »

L'armée ne tarda pas à suivre les autres autorités.
Le prince de La Moskowa avait été envoyé de Paris
pour rallier les troupes qui se repliaient sur Nancy.
Ney connaissait fort bien les environs de la ville;
il avait souvent passé les intervalles de deux campagnes chez son beau-frère Monnier, à la Petite Mal-
grange. Il vint à Nancy le 9 janvier, s'installa à la
préfecture (*Grand-Hôtel*), mais jugea bientôt toute
résistance inutile. Le duc de Bellune (Victor), qui
venait de défendre les cols des Vosges, se retirait en
désordre sur Épinal, puis, après avoir fait sauter le
pont de Flavigny, sur Nancy; le duc de Raguse
(Marmont) se repliait de son côté devant l'armée

---

paisibles, vous retirer dans vos maisons, fermer vos portes et
fenêtres, les volets et persiennes ouverts; ne faire aucun ras-
semblement quelconque, ni exciter par des injures aucun sujet
de mécontentement; dans le cas d'infraction, il serait pris des
mesures sévères contre tout perturbateur. » Le maréchal
Ney venait de nommer Viriot, ancien officier retiré, commandant de la place; cette nomination causa un vif mécontentement; le Conseil s'en plaignit à Ney, qui nomma comme gouverneur l'ex-général Frétach. Le maire annonce dans sa proclamation cette nouvelle à ses administrés.

(1) Arch. nat. F⁷ 7024.

prussienne et se trouvait désemparé à Pont-à-Mousson ; Ney, dans ces conditions, donna l'ordre d'évacuer Nancy et le défilé des troupes françaises sur Toul et Bar-le-Duc se poursuivait ; Ney partit lui-même le 14 janvier avec l'arrière-garde. Or, aussitôt après cette retraite arriva au Conseil municipal assemblé une lettre du commandant en chef de la cavalerie, Grouchy ; celui-ci exposait qu'il avait besoin immédiatement de 15.000 francs, pour faire ferrer les chevaux que la gelée empêchait d'avancer ; les caisses de l'État ayant été emportées, il sommait la municipalité de lui livrer immédiatement cette somme ; puis, comme la municipalité délibérait, Grouchy se présenta devant elle, l'avertissant qu'il lui fallait cet argent en un quart d'heure ; la somme n'étant pas prête à temps, le général Pisset envahit entre une heure et deux heures de l'après-midi l'hôtel-de-ville, saisit le maire Lallemand et les deux adjoints Collenot et Payot de Beaumont, les emmena avec lui en otages sur la route de Toul. On était arrivé à la poste de Velaine, lorsqu'un conseiller, Mandel, se présenta aux officiers français, porteur de la somme de 15.000 francs que quelques conseillers et riches citoyens avaient consenti à avancer (1). Lalle-

---

(1) Ces 15.000 francs furent remboursés par la Ville le 14 février 1814. Le 25 novembre 1814, Mandel, officier municipal de Nancy, écrivit à S. E. M^r le comte de Grouchy, ancien colonel général des chasseurs à cheval et lieutenant général des armées du Roy, la lettre suivante, qui nous donne de curieux détails sur cet incident : « Monsieur le Comte, vous vous rappelez sans doute que, par suite d'une demande qui vous a été faite le 14 janvier dernier par M. le comte Milhaud,

mand et ses adjoints furent aussitôt relâchés; mais le mécontentement avait été vif; le Conseil municipal s'était réuni le 14 dans la nuit et avait décidé de s'abstenir de l'exercice de ses fonctions.

Cependant, le lendemain 15 janvier, vers les quatre heures après midi, les Alliés se présentaient devant Nancy. C'étaient les troupes qui avaient combattu dans les Vosges; c'était aussi l'avant-garde de l'armée de Silésie. Les lourds Prussiens pénétrèrent rue Saint-Dizier, commandés par le prince Biron de Courlande. Un contemporain écrit : « Qu'elles étaient

---

commandant le 5e corps de cavalerie, de l'état de besoins où se trouvaient les troupes sous ses ordres, notamment l'artillerie et chevaux qui étaient à Nancy, M. le maréchal duc de Bellune, sur l'approbation de S. E. le prince de La Moskowa, a requis les magistrats de Nancy de fournir dans l'heure la somme de 15.000 francs;

« Qu'on n'a pu dans ce court délai satisfaire à la réquisition, attendu la disparition des caisses et l'approche de l'ennemi;

« Que le général Pisset, commandant l'arrière-garde française, fit enlever le maire et les adjoints, qui ont été conduits escortés à la poste de Velaine;

« Que je me suis rendu non seulement là pour obtenir la délivrance de ces trois magistrats, en offrant les 15.000 francs, qui ont été réalisés par suite d'une souscription volontaire de quelques habitants;

« Que, les magistrats remis en liberté, j'ai été conduit à Toul pour réaliser la délivrance de cette somme de 15.000 francs;

« Votre Excellence a eu la bonté de m'accueillir, à l'hôtel où elle était logée chez M. Lacapelle, et là, en votre présence et de celle de vos aides de camp, d'un autre officier payeur, de M. Thiéry, capitaine, qui a commandé l'escorte qui m'accompagnait, j'ai effectivement délivré à l'officier payeur dans votre département cette même somme de 15.000 francs le même soir 14 janvier, somme qui a été comptée et nombrée à deux ou trois reprises pour plus de régularité.

« Vous donnâtes l'ordre en ma présence de partager cette

tristes, ces jours-là, les rues de la ville sémillante et
coquette ! Un froid glacial, que l'ennemi semblait
nous avoir apporté des régions hyperboréennes, joint
à la terreur, à l'abattement général, lui imprimait un
caractère de mort (1). » Et le 16 janvier le sinistre
défilé continuait. Le commandant en chef, le feld-
maréchal Blücher, devait arriver le 17 janvier. On
venait déjà d'afficher en ville sa proclamation datée
de Saint-Avold (15 janvier) : « Ne croyez pas que
nous venons pour nous venger et pour vous faire

---

somme aux différents corps pour suffire au service le plus
pressant.

« J'avais obtenu une quittance de cette somme, que j'ai
ensuite déposée sur le bureau du Conseil, en rendant compte
de ma mission. Cette quittance se trouve égarée et il est im-
portant pour l'ordre de la comptabilité d'y suppléer par un
autre acte quelconque.

« En conséquence, veuillez bien, Monsieur le Comte, me
donner une déclaration, dans la forme que vous jugerez conve-
nable, qui atteste les faits qui sont de votre connaissance et
notamment le décompte et paiement de ces 15.000 francs.

« Je n'ai pas oublié à mon retour à Nancy de faire part aux
Magistrats comme au Conseil municipal de tous les regrets
que vous m'avez témoignés à raison de l'enlèvement du maire
et des deux adjoints.

« Vos expressions me sont encore présentes : « Dites bien
« qu'il faut distinguer entre le comte Grouchy comme parti-
« culier, et le général Grouchy, chargé de faire exécuter les
« mesures prescrites. »

« Vous m'aviez fait l'honneur de m'inviter à souper avec
vous lors de mon arrivée; ce que je n'ai pu accepter, désirant
remplir tout de suite ma mission.

« Toujours ai-je eu à m'applaudir des formes très civiles
avec lesquelles vous avez eu la bonté de me répondre à cette
époque très difficile.

« J'ai regretté de n'avoir pu faire le même éloge du général
Pisset, commandant l'arrière-garde. »

(1) Placard imprimé aux archives municipales.

essuyer. à votre tour tout le mal que vous nous
avez fait. Vous n'étiez que les instruments de l'insatiable ambition de votre souverain, et nous n'avons
d'autre but que d'assurer la liberté et l'indépendance
des peuples par une paix prompte et solide. » Paroles
hypocrites que nous devions entendre de nouveau en
1870 : « Je ne fais pas la guerre au peuple français,
mais à son Gouvernement », comme si une armée
étrangère pouvait entrer sur le sol de la France sans
que la nation ne se sentît atteinte ! Et Blücher menaçait de la peine de mort quiconque entretiendrait
encore des relations avec les autorités et les troupes
de l'Empire français.

Cependant le maréchal Blücher, pour frapper les
esprits, aurait voulu faire à Nancy une entrée solennelle. Le colonel comte Nostitz fut dépêché au maire
avec injonction de recevoir le feld-maréchal et de
lui adresser une harangue en langue allemande (1).
Lallemand dut s'exécuter, rédigea un brouillon qui
fut apporté à Blücher et approuvé par lui. Le
maire obtint seulement que cette harangue serait
prononcée non pas à l'entrée des troupes, mais en
salle de conseil, devant la municipalité assemblée.
Ainsi fut fait : Blücher pénétra dans Nancy dont les

---

(1) Nous sommes surtout informés sur ces faits par les
Mémoires de Müffling, qui fut, avec Gneisenau, le lieutenant
général de Blücher (*Aus meinem Leben. Friedrich-Carl-Ferdinand Freiherr von Müffling, sonst Weiss genannt.* Berlin,
1851, p. 97). M. le lieutenant Mauguin a attiré notre attention
sur cet ouvrage et nous publions en appendice à notre étude
une traduction faite par lui de ce passage. Cf. A. PFISTER,
Aus dem Lager der Verbündeten, Stuttgart, 1897.

rues étaient silencieuses, se porta à l'hôtel-de-ville,
écouta la harangue où le maire se porta garant de
l'ordre et du calme de la population, et demanda la
protection du feld-maréchal (1). Après la harangue,
Lallemand lui remit la clef de la ville (2). Blücher
répondit à ce discours par une longue harangue qu'il
avait apprise péniblement par cœur dans le trajet de
Château-Salins à Nancy. Cette harangue avait été ré-
digée par l'un de ses lieutenants généraux, le célèbre
Gneisenau, dans les papiers duquel on a retrouvé le
brouillon (3). Elle est un long réquisitoire contre
Napoléon. Il y est question des jeunes gens de vingt
à trente ans, disparus de dessus la terre, dévorés par
la guerre, du numéraire hors de circulation, du commerce anéanti, de l'industrie languissante, du fardeau croissant des impôts, et aussi de l'amour des
Alliés pour la paix. Blücher termina par ces paroles :
« Je vais abolir les impôts les plus odieux, les
droits réunis, la gabelle, les droits d'enregistrement.
Puissè-je pour vous nommément, braves Lorrains,

---

(1) Le Conseil inséra dans son procès-verbal du 17 le discours que Lallemand venait d'adresser à Blücher et décida
qu'il serait imprimé à 600 exemplaires.

(2) Müffling affirme que c'était une fort vieille clef qu'un
homme apporta à la séance. Elle fut envoyée aux souverains
alliés par un courrier spécial.

(3) G. H. PERTZ et Hans DELBRUCK, *Das Leben des Feld-
marschalls Grafen Neithardt von Gneisenau*, t. IV, p. 26, Berlin,
1880. On trouve dans les papiers de Gneisenau à la fois le
brouillon en allemand et en français. Mais il est à peu près
certain que la harangue fut prononcée en allemand. Blücher
ignorait le français. Cf. W. VON UNGER, *Blücher*, t. II, Berlin,
1908, p. 156.

ramener le bon vieux temps dont jouirent vos ancêtres sous le gouvernement doux et paternel de vos
anciens ducs (1). » Blücher retardait ; les ducs étaient
oubliés (2), malgré la légende que Voltaire avait
attachée à Léopold. La Révolution avait passé par
là ; et, si les Lorrains pouvaient regretter les libertés
locales de l'ancienne Lorraine, ils étaient rivés à
jamais, de leur ferme volonté, à la France.

Blücher resta trois jours à Nancy où il célébra la
fête du couronnement du roi de Prusse, Frédéric-
Guillaume III ; dans ses lettres à sa femme, il parle
de la beauté de la ville, mais aussi des multiples
occupations qui l'assaillirent (3). Le **17** janvier **au**
soir, il assista à un banquet que la municipalité fut
contrainte de lui offrir ; il porta la santé de la bonne
ville. Mais le général de Sacken fut moins discret :
sans doute il leva son verre à la France, à la paix
et les conseillers municipaux tendirent leurs mains ;
mais il s'empressa d'ajouter que cette paix n'était
possible qu'avec la chute et la mort du tyran ; et lentement retombèrent les mains françaises (4).

Le 20 janvier, Blücher se rendit à Toul recevoir la

---

(1) Le 20 janvier, Blücher demanda à la municipalité de
faire imprimer à 5.000 exemplaires ce discours — version
française — et le Conseil dut s'exécuter. Le discours fut répandu sous le titre : *Discours tenu par Monsieur le feld-maréchal de Blücher aux membres de la municipalité de Nancy.*
Il fut envoyé dans toutes les directions comme propagande
en faveur des troupes alliées.

(2) La phrase de Riouffe que nous avons citée plus haut :
« La Meurthe s'appelait autrefois la Lorraine », est exagérée.

(3) UNGER, *loc. cit.*

(4) Voir en appendice les Mémoires de Müffling.

capitulation de la place forte, puis continua sa marche
vers l'est; le département de la Meurthe était abandonné des troupes françaises. A Phalsbourg seul
se trouvait encore une garnison assez forte et l'héroïque petite cité se défendit avec vaillance pour
ne se rendre qu'en avril au comte d'Artois (1). Les
autorités françaises ayant disparu, les Alliés durent
créer une administration départementale. Dès le
15 janvier, à Saint-Avold, un conseiller d'État, Ribbentropp, commissaire général des guerres de l'armée
prussienne, avait nommé intendant du département
de la Meurthe M. de Marquardt, conseiller intime du
roi de Prusse. Quand, un peu plus tard, les Russes
arrivèrent, ils voulurent avoir eux aussi un adminis-
trateur, et, faisant droit à leurs réclamations, les
puissances alliées nommèrent gouverneur général dans
les quatre départements de la Meurthe, de la Meuse,
de la Moselle et des Forêts (le *Luxembourg*) M. d'Alopeus, Finlandais, dont les ancêtres étaient depuis
longtemps au service de la Russie et qui faisait partie
du conseil privé (2); peu après, d'Alopeus prit comme

---

(1) A. Chuquet, *L'Alsace en 1814*, p. 85-127.

(2) David, comte d'Alopeus, né en 1769 à Wiborg, élève
de l'École militaire de Stuttgart : il entra dans la diplo-
matie sous la protection de son frère aîné, Maximilien d'Alopeus, fut envoyé russe à Stockholm en 1800. Il intrigua pour
décider le jeune roi Gustave-Adolphe IV à renoncer à la Fin-
lande, et, quand les Russes eurent occupé ce duché, il fut
fait prisonnier à Stockholm et ses papiers furent saisis. Délivré, il entra au conseil privé et reçut le titre de comte.
Après 1815, il devint ministre plénipotentiaire à Berlin et à
Schwerin. Il mourut le 13 juin 1831 à Berlin. De son ma-
riage avec Jeanne de Wenckstern, il eut une fille, Alexan-

titre officiel celui de gouverneur de la Lorraine
et des Trois-Évêchés; les anciennes dénominations
étaient rétablies. Le 30 janvier, il s'installa à la préfecture de Nancy (1). Il devait revenir après Waterloo.
Il représente pour les Lorrains les deux invasions avec
leur cortège de misères et de vexations. Il était fort
réactionnaire, ayant l'horreur de la Révolution; au
demeurant très instruit, parlant à perfection la langue
française, affectant une grande politesse; mais, comme
l'écrit en ses *Mémoires* le baron Sers, « ne perdant
jamais son affaire de vue ». Il se montra impitoyable
à la population. « Sous cette aménité apparente, il y
avait contre la France une rancune implacable, plus
dangereuse que les colères militaires dont l'apaise-
ment est possible (2). »

Ces représentants des puissances alliées ne pouvaient gouverner sans le concours des autorités locales.
Ils avaient besoin d'elles pour loger leurs troupes,
faire leurs réquisitions, maintenir l'ordre. Aussi leur
premier soin fut de contraindre par la force les fonc-

---

drine, qui épousa, en 1834, le comte Albert de La Ferronays,
ancien ambassadeur de Louis XVIII à Saint-Pétersbourg.
La sœur de ce comte, dame Augustus Craven, fut une
femme de lettres dont les romans furent beaucoup lus dans
le monde catholique. Dans son autobiographie, *Récit d'une
sœur*, Paris, 1866, on trouvera quelques détails sur d'Alopeus.

(1) Pour l'installer, on fit chez les habitants des réquisitions
de draps de lit, de lingerie, de couverts. Mêmes réquisitions
furent faites pour M. d'Orville, que les Russes nommèrent
commandant de la place et qui fut logé à l'évêché.

(2) *Souvenirs d'un préfet de la monarchie. Mémoires du
baron* Sers, publiés par H. Sers et R. Guyot. Paris, 1906.

tionnaires qui étaient demeurés d'exercer leur charge et de remplacer ceux qui étaient partis par des personnes qui furent contraintes d'accepter. Quiconque refuserait de demeurer à son poste ou de remplir les fonctions qui lui étaient attribuées devait être arrêté immédiatement, transporté au delà du Rhin, au fond de la Silésie, et être mis en lieu de sûreté. Le 20 janvier, alors que le Conseil municipal était rassemblé, il reçut une lettre signée de Marquardt et datée du 18 janvier (1) ; elle intima au maire François Lallemand et aux deux adjoints, Collenot et Payot de Beaumont, de reprendre leurs charges ; puis, comme le nombre des conseillers municipaux était incomplet, comme les pouvoirs de beaucoup d'entre eux étaient expirés en 1813, Marquardt nomma dix-sept conseillers nouveaux, soit qu'il les prît sur la liste de présentation faite en 1813 par les assemblées cantonales, soit qu'il les choisît en dehors, comme l'inspecteur d'Académie Spitz, l'avocat Mique ou le riche propriétaire Drouot (2). Les Alliés essayèrent d'abord de gouverner avec cette municipalité ; mais

----

(1) La lettre porte que Marquardt s'est transporté le 18 janvier à l'hôtel-de-ville pour faire ces nominations ; mais ceci est une fiction. La missive de Marquardt fut expédiée par le préfet Pinodier qui était déjà entré en fonctions.

(2) Les dix-sept conseillers furent : Guerrier-Dumast père ; Bresson, avocat ; Rouot (Jean-Baptiste-Flavien) ; Haldat, professeur ; Jacob, ex-président du tribunal de commerce ; Oudinot l'aîné, avocat ; Favier, avocat ; Vidil fils aîné ; Collignon (Pierre-Joseph) ; Spitz, inspecteur de l'Académie ; Rolland, propriétaire ; Germain, négociant ; Croizier, négociant ; Benoît de Zuffal ; Mique, avocat ; D'Arbois, propriétaire ; Drouot, propriétaire.

il y eut bientôt des heurts, des conflits violents. Le
maire Lallemand, dévoué au régime impérial, se rebiffa
contre les exigences du vainqueur ; et finalement, le
10 février, d'Alopeus, au moment où l'on attendait
à Nancy le passage du corps du général Langeron,
plaça à la tête de la cité l'avocat Joseph Mique, Mique
le jeune, fils de l'architecte Claude Mique qui est
l'auteur du plan de Nancy (1). Mais, pour Mique, on
ne garda pas la dénomination de maire : on rétablit
celle de lieutenant général de police — ainsi s'appelait
au dix-huitième siècle le chef de Nancy. On nomma
même Mique subdélégué — subdélégué des puissances
alliées — dans l'arrondissement de Nancy. Mique sera
dans notre ville l'homme de la réaction ; il avait une
haine extrême de la Révolution qui avait fait périr
son cousin Richard Mique, l'architecte des casernes
Sainte-Catherine, le décorateur favori de Marie-Antoinette à Trianon ; et, par suite de cette haine, il
se fit à Nancy l'instrument des Prussiens et des
Russes. En même temps que Mique était nommé
lieutenant général de police, les puissances alliées
choisirent dix conseillers municipaux ; l'un d'entre
eux, Flavien Rouot, eut le titre de conseiller pour la
noblesse ; un autre, l'ancien adjoint Payot de Beaumont, fut désigné comme « partie publique et requé-
rante dans tout ce qui concernera la police, les inté-

---

(1) Un frère de Mique, Louis-Joseph Mique, architecte,
avait été nommé, le 28 février 1778, inspecteur adjoint des
bâtiments et fontaines de la ville ; après la démission de Claude
de ce poste, il fut inspecteur en titre, et il garda ses fonctions
jusqu'à la Révolution. Le Conseil municipal les lui restitua
le 26 juillet 1814, aux appointements de 1.400 francs.

rêts de la ville et les administrés ». Tout l'ancien régime ressuscitait (1).

A côté de la municipalité, les Alliés nommèrent les fonctionnaires de l'État. Le préfet et le secrétaire général étaient partis ; le plus ancien conseiller de préfecture, Anthoinet, était malade ; le second conseiller Pinodier dut, le 18 janvier, prendre la place de préfet et se tenir à la disposition des Prussiens et des Russes. On nomma aussi d'office des sous-préfets ; Frédéric Collin fut désigné comme sous-préfet de l'arrondissement de Nancy. On nomma des receveurs et des percepteurs ; car désormais les Alliés touchèrent les contributions et gare à l'habitant qui était en retard ! Ils réclamaient même avec beaucoup d'énergie les contributions arriérées de 1813. Ils instituèrent comme conservateur des Eaux et Forêts, à la place de M. Schmits, absent, un citoyen de Nancy, Crousse ; ils nommèrent des inspecteurs forestiers, des gardes à cheval et d'autres employés ; ils donnaient pour prétexte qu'ils voulaient remédier aux dévastations de forêts ; mais en réalité ils en commencèrent l'exploitation pour leur compte. Et, de même, ils s'emparèrent des salines, forcèrent les fonctionnaires à demeurer, et

______

(1) Les huit autres conseillers étaient : Mandel l'aîné, déjà officier municipal ; Mandel le jeune, déjà officier municipal ; Jacob, ancien premier juge consul ; Drouot, propriétaire et rentier ; Vidil aîné, négociant ; Oudinot l'aîné, ancien magistrat ; Saint-Michel, propriétaire et rentier ; Collin de Bénaville, propriétaire et rentier. Le nouveau corps fut installé le 11 février. Le 24 février, en place de Flavien Rouot et de Hubert Oudinot, démissionnaires, furent installés MM. d'Arbois et Pottier de Raynant, nommés par arrêté de M. d'Alopeus, du 23.

de ces salines ils tirèrent tout ce qui était possible.
Le 20 janvier, Marquardt autorisa le rétablissement
de l'octroi; mais l'argent qu'il rapportera va servir
surtout à l'ennemi.

L'administration une fois formée, les Alliés vont
mettre la ville de Nancy et le département de la
Meurthe en coupe réglée. Sur la route de Sarrebruck,
Château-Salins et Nancy, les ennemis ne cessaient de
défiler; il en venait toujours et toujours jusqu'au
milieu de mars. Après l'armée de Silésie avec Blücher,
arrivent, à la fin de janvier, les Russes sous le commandement du comte de Wittgenstein (1); ils sont
40.000 hommes et l'on a très peur des terribles cosaques ! Les 13, 15, 25 et 26 février passent à Nancy le
corps d'armée du général de Langeron, 22.000 hommes ;
il se compose de « troupes asiatiques dont on n'en-

(1) Comme l'arrivée du comte de Wittgenstein est annoncée,
le Conseil municipal, dans sa séance du 24 janvier, nomme
une députation pour se rendre près de lui. Le lendemain 25 janvier, on dépose en séance du Conseil une pièce en allemand
disant : « Le porteur de la présente, M. Ceranowsky, commissaire impérial russe, a ordre de soigner le logement et l'entretien du quartier général de M. le comte de Wittgenstein, commandant en chef les armées, général de cavalerie, et de requérir
de toutes les autorités de France où ledit quartier général
s'établira, de fournir, à la demande de M. Ceranowsky,
l'entretien nécessaire et d'y satisfaire sans délai contre sa
quittance. » Le Conseil fit ce même jour afficher 300 exemplaires
d'un avis du comte de Wittgenstein, disant qu'il laisse dans
le pays une escouade de troupes badoises pour y remplir
les fonctions de gendarmerie sous les ordres du major
d'Orville, commandant la place de Nancy. Wittgenstein fut
blessé à Bar-sur-Aube et quitta l'armée le 13 mars. Il revint
à Nancy où il donna à dîner le 19 mars au comte d'Artois.
(Cf. *infra*, p. 40. Voir l'article qui lui est consacré dans la *Bio-
graphie* de Didot.)

tend pas le langage », comme écrit le maire de Nancy dans une proclamation, — c'était encore Lallemand — et sur ces troupes asiatiques il court toutes sortes de bruits : ces soldats ont des appétits formidables, des exigences inouïes; les fabriques de chandelles de Nancy qui étaient alors fort renommées redoutent un pillage en règle. Leur chef est un ancien émigré (1); le Conseil municipal n'a pas besoin de truchement pour s'entendre avec lui : mais ce chef n'en est pas moins fort exigeant. Ces troupes en général se concentrent sur la Place Napoléon (*Stanislas*), y gisent sur la neige, parmi la paille et le fumier, allumant çà et là quelques feux, puis attendent leurs billets de logement.

Les casernes étant occupées par les malades (2), il faut bien loger ces soldats chez l'habitant. Chaque jour ou à peu près, Nancy doit ainsi abriter de 10.000 à 18.000 hommes. Dans chaque section des commissaires spéciaux furent nommés pour répartir ces soldats dans la ville, faire la visite des logements, connaître des réclamations. Pour leur dévouement à la cause publique, ils ne devaient recueillir que plaintes et ingratitude (3). En vain décida-t-on qu'il

---

(1) Langeron quitta lui-même le blocus de Mayence le 12 février et dut venir à Nancy le 15. Voir ses *Mémoires,* publiés par la Société d'histoire contemporaine, 1902, p. 405.

(2) Cf. *supra,* p. 32.

(3) En mars beaucoup de propriétaires quittent leurs maisons, emportant leurs meubles, et se rendent à la campagne, pour n'avoir plus à loger de troupes. Mique donne ordre de ne laisser sortir des portes de la ville aucun effet mobilier sans permission spéciale.

n'y aurait pas plus de quatre militaires par ménage, qu'il ne fallait pas réunir dans une même chambre des soldats de mœurs et de nations différentes, ces prescriptions furent souvent enfreintes; puis dans quel état de saleté repoussante ces barbares laissaient les appartements à leur départ; souvent ils avaient brûlé les boiseries et les portes pour se chauffer !

Il ne fallait pas seulement loger, mais nourrir ces troupes. La ration de chaque homme fut fixée par jour à deux livres de pain, une demi-livre de viande, huit onces d'orge mondé ou seize onces de pois, fèves ou lentilles et une demi-bouteille de vin (1). Cette ration naturellement était bien plus forte pour les officiers : deux livres de pain, deux livres de viande, des légumes, et, pour les officiers généraux, la ville dut payer maints repas fins, maintes bouteilles de Champagne chez le traiteur Benezet, à l'hôtel du Petit-Paris, chez le sieur Mouchy, la veuve Favier, de l'hôtel des Halles, et la veuve Carême (2).

Les habitants peu aisés ne pouvaient nourrir les soldats qu'ils logeaient (3); la municipalité leur fit

____

(1) C'est la ration pour les Russes, celle pour les Prussiens est différente: elle est indiquée dans un tarif arrêté par Ribbentropp au quartier général à Dresde le 21 mars 1813 et réimprimé à Nancy chez Guivard.

(2) Elle acquitta ainsi le 17 février 4.600 francs à ces quatre aubergistes, « pour dépenses faites chez eux lors du passage du prince Henri de Prusse et des officiers supérieurs des troupes coalisées ».

(3) Il était très difficile de se procurer des marchandises, les boutiques étant fermées. Le 27 janvier, Marquardt invita

distribuer des bons de fournitures, proportionnés au nombre d'hommes à loger. Munis de ces bulletins, ils allaient chercher le pain et les légumes secs sous le péristyle du Gouvernement, place de la Carrière, la viande à la grande boucherie rue Raugraff, le vin aux halles sur l'Esplanade (*rue Stanislas*); mais ces bons qui passaient souvent de main en main donnèrent lieu à bien des abus. Les Alliés réclamèrent aussi de la paille et du foin pour les chevaux, et la ville dut créer un magasin de fourrages. Est-ce tout? Non; ces troupes venaient en loques : il leur faut des uniformes, des chaussures, des chemises (1); une armée a besoin d'ustensiles, pioches, haches, clous, etc.; aux soldats malades il faut des remèdes. La municipalité imagina, dès le 22 janvier, de ressusciter les anciennes corporations, de les forcer à se réunir le dimanche 23, de désigner des syndics qui seraient chargés sous leur responsabilité de réunir, en un délai fixé, tous les objets requis (2). On réclama ainsi aux

le maire à donner ordre que les boutiques et magasins restassent ouverts, sans quoi il se verrait obligé de les faire ouvrir de force. L'ordre fut publié à son de caisse.

(1) Dès le 15 janvier, le prince Biron de Courlande réclama à la municipalité 4.500 aunes de drap dans les vingt-quatre heures; sur réclamation, la réquisition fut réduite à 1.644 aunes trois quarts, ancienne mesure de France. Comme beaucoup de réquisitions étaient faites par des officiers, Biron déclara qu'aucune réquisition ne devait être acceptée si elle n'était signée de lui.

(2) Le Conseil municipal, dans sa séance du 22, nomma, pour chaque corporation, deux commissaires chargés de présider la réunion du 23. Le 30 janvier, les fabricants d'huile demandèrent aussi à former une corporation et bientôt nommèrent un syndic; l'huile des quinquets servit de boisson aux

marchands d'étoffe tant d'aunes de drap, aux marchands de toile tant d'aunes; aux chandeliers du savon et du suif — beaucoup de suif; aux cordonniers tant de bottes et de souliers; aux passementiers tant de cordons et de soutaches, etc. On ne réquisitionnait pas seulement les objets; mais des syndics étaient encore tenus de fournir des ouvriers qui venaient travailler sous les yeux des autorités militaires : on réunit par exemple dans un même local tous les cordonniers de la ville, pour ressemeler 289 bottes et la tâche dut être finie dans la journée. Si la livraison n'était pas faite dans le délai fixé, les syndics responsables étaient tenus de loger des garnisaires. Et il y eut des menaces de mort (1)!

Nancy ne doit pas seulement fournir aux besoins des soldats qu'elle loge ou qui sont de passage, ses magasins doivent entretenir les armées alliées qui combattent en Champagne; à Nancy est le centre des approvisionnements de toute l'armée de Silésie; un parc de voitures a été établi à la caserne Sainte-Catherine et les Alliés y trouvent les attelages dont ils ont besoin. Les bestiaux sont conduits dans la cour

---

cosaques! Puis d'autres corporations furent formées par les pharmaciens, les gantiers et les culottiers, les marchands de bas et bonnetiers, les armuriers, les marchands de vin et d'eau-de-vie... Finalement les corporations furent au nombre de trente-cinq.

(1) Dans un intéressant mémoire manuscrit présenté pour le diplôme supérieur d'études d'histoire et de géographie, M. P. Oudot a énuméré toutes les réquisitions faites par les Alliés. Il a mis à notre disposition ce mémoire, auquel nous avons fait quelques emprunts. Nous lui adressons tous nos remerciements.

de la même caserne et des anneaux sont fixés aux
murs pour les attacher. Le sous-préfet et le préfet de
Nancy, l'intendant et le gouverneur font des réquisitions dans tout leur ressort administratif pour remplir ces magasins et pourvoir aux subsistances des
troupes (1).

Pourtant on ne pouvait exiger que toutes ces
livraisons fussent faites au détriment des marchands
et des ouvriers. Il fallait que tout le département et
la ville de Nancy payassent et les Alliés mirent un
impôt sur les riches (2). Le préfet Pinodier, par arrêté
du 29 janvier, que Marquardt le contraignit de
prendre, décida qu'un emprunt de 300.000 francs
devait être fourni immédiatement par les habitants
les plus fortunés du département, pour être remboursé
plus tard au moyen d'une répartition sur la tota-
lité des habitants du département; cet emprunt servirait à payer sans délai une partie des réquisitions.
Les citoyens dont les revenus ne dépassaient pas
1.800 francs n'étaient pas assujettis à l'emprunt;

------

(1) Le sous-préfet Collin écrit, le 23 janvier, au maire de
Nancy, qu'il a réquisitionné dans les communes de l'arrondissement, pour le 24, 600 sacs de blé; pour le 26, 3.000 quintaux
métriques de foin, 1.000 quintaux métriques de paille et 600 sacs
d'avoine. — Autre réquisition du même : pour le 26, 1.200 quintaux métriques de farine, 3.500 pintes d'eau-de-vie, 600 sacs
d'avoine, 300 quintaux de foin, 400 quintaux de paille, pour
assurer la subsistance du général **York**.

(2) Le 28 janvier, comme la caisse municipale était vide,
la municipalité ouvrit une souscription volontaire d'actions
de 50 francs chacune, pour donner une indemnité aux personnes frappées de réquisitions; mais la souscription eut peu
de succès. Plus tard, un certain nombre de souscripteurs renon-
cèrent au remboursement.

mais tous les autres devaient payer et l'emprunt fut
progressif. Un jury spécial, établi dans le chef-lieu
d'arrondissement, devait désigner les personnes pas-
sibles de l'emprunt et fixer leur cote. Les taxes
devaient être payées moitié comptant, moitié huit
jours plus tard. On se procura ainsi quelques sommes,
mais elles furent bien vite reconnues insuffisantes;
puis il devenait nécessaire de rembourser ces 300.000
francs, puisque après tout il ne s'agissait que d'un
emprunt. Pour rembourser et aussi pour se procurer
les ressources nouvelles indispensables, le préfet Pinodier établit, le 11 mars, une contribution extraordinaire sur tous les habitants du département : tous les
revenus, fonciers, mobiliers, industriels, étaient taxés;
l'impôt, comme l'emprunt, fut progressif. Pour les
revenus fonciers, on ajouta pour les petites cotes
une certaine somme à la contribution ordinaire; à
partir de 600 francs de revenus, la contribution ordinaire était doublée ; à partir de 1.500 elle était tri-
plée, et il en fut de même pour les cotes mobilières et
surtout pour les patentes. On espérait de la sorte se
procurer 3.400.000 francs, en plus de l'impôt ordinaire. De la somme imposée il fallait payer tout de
suite une partie en numéraire, pour le restant s'engager par des obligations à court terme. Cet arrêté
causa dans toute la Meurthe un émoi très vif. Le
Conseil général, réuni de façon extraordinaire au mois
d'avril, protesta contre ces charges inouïes, à un moment où le numéraire faisait défaut, où les habitants
étaient accablés par les réquisitions et les gens de
guerre; d'Alopeus répondit le 19 avril qu'il considé-

rait cette protestation comme « une entreprise contre le gouvernement des hautes puissances alliées », et il fallut bien s'exécuter. Quand le gouvernement de Louis XVIII fut établi, l'arrêt de Pinodier fut supprimé; mais les impôts payés restèrent acquis, et le Conseil général, en octobre, exprima la crainte que ne fût exigé le paiement des obligations sous-crites (1).

Et pourtant cette population si durement traitée, de laquelle on exigeait tant de sacrifices, était toute prête à venir en aide aux malades qui encombraient les hôpitaux! Il fallut, dès le 20 janvier, céder entièrement aux Prussiens l'hôpital militaire; les soldats français qu'on pouvait transporter furent emmenés à la Chartreuse de Bosserville; les autres, ceux qui étaient trop malades, à l'hôpital Saint-Charles (2). Une ambulance fut établie au quartier de l'Opéra, une autre, le 27 janvier, à la caserne Sainte-Catherine (3). Médecins, officiers de santé

----

(1) Il ne semble pas que ces obligations aient été acquittées.

(2) Ainsi décida la municipalité en sa séance du 20 janvier. Le chirurgien-major de l'armée prussienne ne s'était point inquiété des blessés français et avait seulement exigé l'évacuation de l'hôpital militaire.

(3) On songeait à transférer les malades russes de la caserne Sainte-Catherine à Lunéville, pour y loger les troupes russes de passage (31 janvier); mais il ne fut donné aucune suite à ce dessein, et M. Drescher, chirurgien-major des armées prussiennes, se plaignit avec vivacité de la manière dont les blessés étaient soignés à cette caserne. Les entrepreneurs renon-cèrent à leur traité, ne pouvant exécuter leur contrat et y per-dant de fortes sommes! La caserne resta occupée par les ma-lades jusqu'à la fin d'avril; le 30 avril, le Conseil municipal ordonna des mesures de désinfection.

offrirent leurs services; beaucoup de Nancéiens se
présentèrent comme infirmiers et quelques-uns mou-
rurent victimes du devoir librement accepté. La
municipalité réclama aux habitants couchettes,
paillasses, couvertures, draps, linge et charpie, et
son appel fut entendu. Des citoyens se privèrent
eux-mêmes pour donner leur lit à des blessés;
d'autres apportèrent à Gœury, receveur des hos-
pices civils, la somme de 30 francs, à quoi l'on
estimait le prix d'une installation (1). On put établir de la sorte plus de 200 lits. Bientôt on fut
obligé de mettre des malades dans la partie du
Palais ducal où était installée alors la gendarmerie, et aussi au couvent des Cordeliers; en mars,
on mit des lits à la disposition des officiers blessés
dans la maison de Charité, rue de la Charité (2). Et
ces soldats étrangers malades sont exigeants; ils
trouvent la nourriture fournie insuffisante; ils brisent
parfois les meubles, battent les infirmiers volontaires en récompense de leur dévouement (3).

Par suite de la misère générale, des pillards par-

-----

(1) Séance du Conseil municipal du 27 janvier.

(2) La maison de la Charité distribuait chaque jour depuis
onze ans des soupes; elle dut faire annoncer que cette distribution cesserait le 1er avril faute de fonds. Le Conseil municipal ému décida, dans sa séance du 20 mars, de mettre à la
disposition des sœurs une somme de 642 francs qu'il avait
reçue pour aumônes.

(3) A un certain moment les sœurs de Saint-Charles elles-
mêmes demandent à être dispensées de continuer leur service
à l'hôpital militaire. Le Conseil municipal, dans sa séance du
5 février, invita l'abbé Brion à employer ses bons offices pour
déterminer ces religieuses à rester à leur poste.

courent les campagnes et visitent parfois les maisons
de la ville. Le 10 février, le gouverneur d'Alopeus,
pour protéger les personnes et les propriétés, pour
réprimer les désordres, décida la formation d'un
corps de défense; mais au lieu de l'appeler gendarmerie comme sous la Révolution, il ressuscita le
vieux nom de maréchaussée. La maréchaussée
devait être divisée en vingt-deux brigades, station-
nées dans les principaux chefs-lieux de canton, sous
les ordres d'un capitaine commandant et formées
d'anciens militaires retirés ou pensionnés; on eut
beaucoup de peine à créer ce corps qui n'entra en
fonctions qu'au début de mars et qui fut placé sous
le commandement de M. Legrand de Chambrey, un
Lorrain de l'ancien régime.

Ainsi en ces mois douloureux de janvier à mars se
succédèrent réquisitions, logements militaires, impôts
extraordinaires, vexations de toutes sortes. Ce qui
exaspérait le plus les habitants de Nancy, c'était
d'être sans nouvelles. Du 12 au 26 janvier, le *Journal
de la Meurthe*, privé d'ailleurs depuis décembre 1813
de son rédacteur Thiébaut, qui l'avait dirigé depuis
1797, avait cessé de paraître; quand l'imprimeur Guivard fut contraint de le reprendre, il reçut cet avis
comminatoire : « Vous ne vous permettrez d'y insérer
aucun article ou aucun fait contraire à la vérité,
parce que les armées alliées l'aiment autant qu'elles
haïssent la jactance. » Le *Journal de la Meurthe*
devint aussi le moniteur officiel des envahisseurs;
les « bulletins de l'armée » qu'il publia étaient les
bulletins de l'armée de Silésie; quand on y lit « bul-

letin français », cela signifie bulletin de la campagne
de France, emprunté aux gazettes de Francfort.
Bientôt même ce journal changea de titre : le 20 mars
1814, il parut avec le nom suranné de : *Journal de
la Lorraine et du Barrois.* Les habitants ne connais-
saient donc de la guerre qui se livrait en Champagne
que ce que les Alliés voulaient leur apprendre (1)...;
pourtant ces Alliés ne pouvaient empêcher les
rumeurs de circuler, et, à un certain moment, les
figures s'épanouirent, un rayon d'espoir pénétra dans
l'âme de ceux qui avaient gardé la fidélité à Napoléon. Le congrès de Châtillon venait d'échouer; les
quatre grandes puissances, Prusse et Autriche, Angleterre et Russie, venaient de prendre à Chaumont
l'engagement de ne faire avec la France aucun
traité séparé; les Alliés hâtent leur marche sur Paris.
C'est alors que, à la fin de mars, Napoléon conçoit
le projet si grandiose, qui sera repris en décembre
1870, de s'avancer hardiment vers l'Est, de rallier
les garnisons de Metz et de Phalsbourg qui résis-
tent encore, de soulever tout le peuple. Il écrit le
23 mars l'ordre d'envoyer des gendarmes déguisés à
Bar, à Nancy et à Metz : que les paysans se lèvent

____

(1) Les Alliés se présentaient toujours comme des partisans
de la paix. Le 27 janvier, le préfet Pinodier fit afficher en leur
nom, sur les murs de Nancy, la proclamation suivante : « Français! ne vous laissez point tromper par la malveillance; ne
voyez dans les armées des souverains alliés que des amis de
l'humanité qui n'ont d'ennemis que les ennemis de la paix.
Vos parents, vos amis, vos frères, vos enfants, prisonniers
sur une terre étrangère, joignent leurs vœux aux nôtres pour
la paix, dont le premier bienfait pour eux sera de voler dans
le sein de leur famille. »

en masse, qu'on sonne partout le tocsin (1). Son plan
est de se porter à Bar-le-Duc, de là à Verdun et à
Pont-à-Mousson ; ordre à ses fidèles de venir au-devant de lui ; il est très certain que ce plan fut connu
à Metz, puisque le général Duratte, commandant de
cette place, voulut venir au-devant de l'Empereur et
s'avança jusqu'à Verdun (2) ; il fut certainement
aussi connu à Nancy, et il y eut dans la ville et
surtout dans les localités voisines une grande effer-
vescence. Le général Langeron, qui se trouvait alors à
Reims auprès de Blücher, écrit dans ses *Mémoires* (3) :
« Nous eûmes de vives inquiétudes pour Nancy. Les
villages des environs étaient déjà en insurrection ou
au moment de se soulever, et il se trouvait dans la
ville, qui était pour ainsi dire le dépôt général de
notre armée, une grande quantité de malades, de
blessés, de convalescents, des caisses militaires et
prussiennes, les fours, les boulangeries, etc. » D'Alopeus prit des mesures pour se défendre, de concert
avec le prince Biron de Courlande, général-major au
service de la Prusse, qui, blessé à Brienne, était en
convalescence à Nancy ; « ils rassemblèrent et orga-
nisèrent, écrit encore Langeron, tout ce qui pouvait
prendre les armes » ; ils voulaient se retirer vers
Metz, pour rejoindre le général Yusseffowitsch qui
faisait le siège de l'héroïque cité, et déjà ils son-
geaient à aller plus loin, vers Deux-Ponts et Sarre-

---

(1) *Correspondance*, 21531.

(2) Cf. L. KNŒPFLER, *Le Blocus de Metz en 1814*, p. 52
(Extrait des *Marches de l'Est* de 1909).

(3) *Mémoires*, p. 444.

bruck !... Mais - quelques jours plus tard, deux feuillets, imprimés chez Guivard, annonçaient aux Nancéiens que, le 30 mars, Paris s'était rendu aux Alliés. Le 11 avril, Napoléon à Fontainebleau faisait ses adieux aux troupes demeurées fidèles et bientôt partait pour l'île d'Elbe.

II

Au moment où tous ces faits se déroulaient, se trouvaient à Nancy deux personnages qui l'un et l'autre cherchaient à profiter des circonstances : l'un pensait restaurer en France la monarchie légitime, l'autre était tout prêt à continuer la monarchie militaire de Napoléon Ier. Celui-ci — et le fait est assez peu connu — était un ancien maréchal de France, devenu, par un curieux concours de circonstances, prince héréditaire du royaume de Suède et dont le descendant règne aujourd'hui à Stockholm. Berna-dotte avait combattu contre Napoléon dans la campagne de 1813 ; un corps suédois s'était joint en 1814 aux armées coalisées, sans que l'ancien maréchal ait voulu lui-même combattre en France contre la France ; mais il était prêt à devenir empereur des Français. Il comptait sur la bienveillance du tsar Alexandre Ier, et, en grand secret, il était venu de Liége à Nancy afin d'observer les événements. Il descendit dans une auberge très modeste (1), attendit

---

(1) Langeron écrit dans ses *Mémoires*, p. 455. « Il vint inco-

un signe de l'empereur de Russie, mais le signe ne vint point, et un beau matin il quitta Nancy et reprit le chemin de Liége. Il eut le grand tort de se montrer à Paris, alors au pouvoir des Alliés, et fut plus avisé, quand, à la fin d'avril, il retourna dans le Nord, pour achever la soumission de la Norvège à la Suède.

Le second personnage auquel nous avons fait allusion était le comte d'Artois, Monsieur, le futur Charles X (1). Quand les Alliés entrèrent en France, les Bourbons y arrivèrent à leur suite. Louis XVIII était resté en Angleterre au château de Hartwell; mais il avait envoyé en avant, du côté de l'Est, son frère, avec, en poche, le titre de lieutenant général du royaume; dans le Sud, le duc d'Angoulême, le fils aîné de Monsieur; en Normandie, le second fils de celui-ci, le duc de Berry. Le comte d'Artois traversa l'Allemagne, se rendit à Bâle et de là il vint en grand secret, le 21 février, à Vesoul. Il s'y morfondit pendant près d'un mois; les Alliés qui n'étaient pas

---

gnito passer quatre jours à Nancy. Il s'y tint caché dans une auberge et n'y vit que quelques-uns de ses anciens amis, de fougueux jacobins. Il désirait savoir par eux s'il pouvait, malgré les Français et les Alliés, devenir roi de France ou chef de la République. » « Malgré les Alliés », écrit Langeron; il semble pourtant bien que Bernadotte comptait à ce moment sur Alexandre Ier. (Cf. TALLEYRAND, *Mémoires*, II, 257.) Vers cette date, Benjamin Constant conçut le projet de neutraliser Nancy, d'y convoquer le Corps législatif qui aurait émis un avis sur le gouvernement futur de la France.

(1) R. PERRIN, *Le Comte d'Artois à Nancy en 1814 et la Restauration*, dans le *Pays lorrain*, 1913, p. 41-49 et p. 76-86. Cf. du même, *L'Esprit public dans le département de la Meurthe de 1814 à 1816* (*Annales de l'Est*, 1913, 1er fascicule).

encore d'accord entre eux sur le gouvernement à
donner à la France, qui, du reste, à ce moment négo-
ciaient à Châtillon avec Caulaincourt, plénipotentiaire de Napoléon, affectaient d'ignorer sa présence,
écoutaient distraitement les émissaires qu'il leur
envoyait; mais certainement, après la rupture des
conférences, ils songèrent à la possibilité d'une restauration des Bourbons; ils voulurent montrer le
comte d'Artois qui, très probablement, sur une invitation de leur part, se décida à partir pour Nancy.
Il y arriva le 19 mars; d'Alopeus, qui avait reçu des
ordres, lui prépara une réception. Il alla l'attendre,
à 2 heures de l'après-midi, à l'entrée du territoire de
la ville, près de Bonsecours, entraînant avec lui le
lieutenant général de police Mique et le Conseil municipal (1). Mique ne fut point fâché de faire étalage
de ses sentiments royalistes et il adressa au comte
d'Artois une harangue qui manqua de mesure (2).
Le peuple s'était amassé cependant dans la rue Saint-

---

(1) Le Conseil municipal avait été convoqué extraordinai-
rement le 19 au matin; on lui donna communication de la
lettre du gouverneur d'Alopeus à Mique par laquelle le premier
prévenait le second de l'arrivée de SON ALTESSE ROYALE (le
procès-verbal écrit toujours ces mots en ronde); d'Alopeus
ira à sa rencontre et « appelle aux mêmes devoirs la municipalité... » « Il a été arrêté qu'on déférerait à l'invitation de
Mgr le gouverneur, d'autant plus que verbalement il l'avait
convertie en un ordre. »

(2) Le procès-verbal du Conseil municipal porte : « Elle
(*Son Altesse Royale*) a daigné écouter avec bonté un discours
que M. Mique, comme chef du Conseil municipal, a eu l'honneur de lui adresser. Son Altesse Royale a fait la faveur d'y
répondre, en exprimant l'intérêt qu'Elle portait à tous les
Français, et le vœu de les voir tous unis, sans aucun souvenir

Dizier : quelques cris de *Vive le comte d'Artois! Vive le Roi!* se firent entendre à son passage. On conduisit le comte au Palais du Gouvernement et là dîna avec le général russe, comte de Wittgenstein (1), et des généraux prussiens. Et il eût sans doute mieux valu que le comte d'Artois ne se montrât pas ainsi en compagnie des officiers qui foulaient à ce moment le sol de la patrie et qui étaient les ennemis de la France. Après le dîner, le comte descendit chez M. Mique, dans un gracieux pavillon qui avait été construit à la fin de l'ancien régime par l'architecte Claude Mique : c'est aujourd'hui la maison qu'habite le directeur de l'École forestière. Lors de la restauration des Bourbons, tous les détails de cette journée importante seront soulignés. Dans l'église de Bonsecours, on posa un marbre commémoratif rappelant l'entrée du comte d'Artois, venant « attendre à Nancy l'exécution des desseins de la Providence (2) »; la rue l'Évêque (*Girardet*) où habitait M. Mique reçut le nom de rue *Monsieur*, et M. Mique allait devenir M. de Mique et préfet.

Installé de la sorte chez le lieutenant de police, le comte d'Artois — « Charles-Philippe » — fut oublié pendant quelques jours. C'était à l'époque où le mouvement tournant de Napoléon jetait l'inquié-

---

des schismes qui ont pu les agiter; Elle a ajouté qu'il ne fallait s'occuper que de donner l'exemple d'une modération qui achèverait la réparation des longs malheurs de la France. »

(1) Le comte de Wittgenstein alors malade avait été obligé de revenir en arrière.

(2) En 1830, le marbre fut caché dans la sacristie.

tude dans le cœur des Alliés, l'espérance dans celui des Français. Seules des sœurs de Saint-Charles le vinrent visiter, et ce furent les premiers courtisans des Bourbons. On remarquait à peine que le comte d'Artois se rendait régulièrement à la messe, qu'il recevait les sacrements, qu'il affichait une grande piété. Il était aussi abandonné ces jours à Nancy que Bernadotte lui-même, et ne s'avisa-t-il pas de lui envoyer l'un de ses fidèles, le comte Alexis de Noailles, et de lui proposer une entrevue? Le comte d'Artois descendait de Henri IV; Bernadotte était né à Pau, la ville de Henri IV; que de choses communes entre eux! Mais Bernadotte souleva des objections; on parla d'étiquette et l'entrevue projetée n'eut pas lieu.

Pendant que le comte d'Artois se sentait ainsi isolé, il se présenta tout d'un coup devant lui un personnage bourdonnant; le baron de Vitrolles, dans ses *Mémoires*, d'une lecture fort amusante, s'attribuera le principal rôle dans les événements qui vont suivre (1). C'était un ancien émigré, rentré en France après le 18 brumaire, qui s'était rallié à l'Empire et avait reçu le titre de baron d'Empire. Talleyrand, qui préparait sa défection, l'envoya à Châtillon auprès des Alliés, pour les entretenir de la possibilité d'une restauration des Bourbons. Vitrolles y arriva le 10 mars et pendant une dizaine de jours il intrigua auprès des ministres de toutes les puissances, eut des audiences

---

(1) *Mémoires et relations politiques du baron* DE VITROLLES, publiés selon le vœu de l'auteur par Eugène FORGUES. 3 vol. Paris, G. Charpentier, 1884.

d'Alexandre de Russie et de l'empereur François
d'Autriche ; finalement, quand les Alliés se crurent
sûrs d'être victorieux à la bataille d'Arcis qui se préparait (1), il reçut d'eux l'autorisation de se rendre
auprès du comte d'Artois : l'idée de restaurer les
Bourbons prenait corps. Vitrolles partit aussitôt de
Bar-sur-Aube où il se trouvait pour Nancy où il dut
arriver le 23 à midi. Il eut le même soir une entrevue
avec le comte d'Artois, lui communiqua les nouvelles, lui dit la restauration possible : il apportait
un royaume. « C'est la Providence qui vous a
envoyé », répliqua le prince. Et les deux jours suivants, 24 et 25 mars, Monsieur et Vitrolles tracèrent
le programme de la nouvelle monarchie, s'entretin-
rent des ministres futurs. Ils parlèrent aussi du passé
et le baron traça d'amusants portraits de certains
personnages qui s'étaient compromis avec Napoléon.
Vitrolles quitta Nancy le samedi 26. Quand il arriva
sous Paris, les destinées étaient accomplies : les
Alliés étaient entrés dans la capitale.

Lorsque ces événements furent connus à Nancy,
lorsqu'on apprit peu après que le Sénat, dont tous
les membres devaient leur place à Napoléon,
avaient prononcé sa déchéance, les royalistes affi-
chèrent leur joie et prirent la cocarde blanche
qui jusqu'alors avait été interdite. Le comte d'Artois
quitta la maison de Mique pour se fixer au Palais du
Gouvernement, et de ce palais, accompagné par
d'Alopeus et des officiers russes, il se rendit à la cathé-

____

(1) La bataille d'Arcis eut lieu les 20 et 21 mars 1814

drale où fut célébré un *Te Deum* solennel (7 avril) (1).
Pendant cette cérémonie, Vitrolles, dépêché par les
Alliés, revenait à Nancy, avec la mission de conduire
à Paris le comte d'Artois. Celui-ci fut prévenu de sa
présence à l'église même; quand il en sortit, lui, qui
allait devenir le représentant du roi Louis XVIII,
passa en revue sur la Place Stanislas et la place de la
Carrière la garnison étrangère forte de 5.000 à 6.000
hommes; et à ce propos un cri du cœur échappe enfin
à Vitrolles : « Que n'aurais-je pas donné pour méta-
morphoser ces automates russes en soldats français
qui se seraient associés par le cœur au vivant souvenir de notre ancienne France (2)! » Le comte d'Artois
quitta Nancy le jour du vendredi saint, 8 avril, en
costume de garde national — c'était une concession
qu'il voulut faire à la Révolution — et, quatre jours
plus tard, le mardi de Pâques (12 avril), il faisait
son entrée dans cette ville de Paris qu'il n'avait pas
vue depuis 1790; il avait mis la cocarde blanche et
était accompagné des maréchaux Ney, Marmont,
Moncey, Kellermann qui portaient encore la cocarde
tricolore; il fut accueilli aux barrières par M. de Tal-

---

(1) Nous ne trouvons aucun procès-verbal du Conseil municipal du 5 au 8 avril. Le 8 avril on lit : « Vu l'extrait du *Moniteur* des 2 et 3 avril 1814, contenant les propositions adoptées
par le Sénat dans sa séance du 1er avril, le corps municipal
arrête que cet extrait sera publié et affiché dans toute l'étendue
de cette ville et de ses faubourgs. » Le 10 avril, il décide de
faire afficher une proclamation de Pinodier à ses administrés
du 8 avril. (Cf. *infra*, p. 44.) Le 13 avril, il arrête que ses
séances n'auront plus lieu que deux fois par semaine, les
samedi et mercredi à 10 heures.

(2) *Mémoires*, t. I, p. 357.

leyrand, le préfet de Chabrol et le Conseil général de la Seine, avec les clefs de la ville sur un plat d'argent ; il alla droit à Notre-Dame où fut célébré un *Te Deum* solennel, puis prit possession des Tuileries (1). Moins d'un mois après, le 3 mai, Louis XVIII entrait dans sa bonne ville (2). La royauté était restaurée.

A Nancy, le gouvernement nommé par les Alliés continuait, cependant, de fonctionner. Pinodier restait préfet de la Meurthe ; mais, en ses proclamations, il mêlait maintenant aux Alliés le nom de Louis XVIII et des Bourbons, avec des injures pour Napoléon. « Le joug de fer sous lequel vous gémissiez est enfin brisé ; le tyran qui vous a tant opprimé est enfin renversé d'un trône qu'il a trop longtemps souillé. L'aurore de la paix luit pour vous et pour vos enfants. Au despotisme le plus odieux va succéder l'administration paternelle des dignes descendants de saint Louis et de Henri IV. » (8 avril.) Les autres fonctionnaires demeurèrent aussi en place, surveillés de près par les Russes et les Prussiens. Les vrais maîtres restaient à Nancy d'Alopeus et Marquardt. Cepen-

----

(1) Le commissaire de l'Intérieur et des Cultes adressa le 13 avril 1814 au préfet de la Meurthe une lettre sur l'arrivée à Paris de Monsieur, « donnant l'espoir d'une paix complète et la certitude d'en jouir longtemps, sous un gouvernement paternel et légitime ». Le Conseil municipal, dans sa séance du 20 avril, décida de faire publier cette lettre à son de caisse et de la faire afficher. Le 27 avril, il transcrit sur ses registres la proclamation faite par le comte d'Artois le 21 à tous les Français et décida de la faire afficher.

(2) Le Conseil municipal de Nancy enregistra dans son registre la déclaration de Saint-Ouen et ordonna, en sa séance du 12 mai, qu'elle serait affichée et lue aux prônes des paroisses.

dant le comte d'Artois, avant de quitter Nancy, avait
nommé l'un des gentilshommes de sa suite, le comte
Roger de Damas, «gouverneur des provinces de la Lorraine, de l'Alsace et des Trois-Évêchés (1) ». Il y eut
dès lors deux dignitaires portant ce titre : d'Alopeus
pour les hautes puissances alliées, Roger de Damas
pour le Roi. Les deux gouverneurs, le Russe et le
Français, signèrent ensemble des proclamations au
peuple, d'un ton encore plus vif que celles de Pinodier : « L'existence morale de votre tyran est ter-
minée, non comme on aurait pu l'attendre d'un caractère toujours impérieux et souvent féroce, mais avec
la faiblesse d'une conscience flétrie par le re-
mords. » (8 avril.)

Vitrolles, dans ses *Mémoires*, se réjouit de cette
nomination de Damas; il y voit comme la résurrec-
tion des anciennes provinces (2); mais cette nomination avait une autre importance : les Français
vont se grouper autour du gouverneur français, lui
faire entendre leurs réclamations, et Damas est tout
disposé à écouter leurs plaintes. Contre les exigences
des Alliés, il y aura désormais un recours... Sans doute
Damas ne peut faire tout ce qu'il désire; il se plaint
qu'il ait les mains liées, que ses fonctions soient avant
tout honorifiques. Sans doute aussi les Alliés, com-

---

(1) La nomination datée du 8 avril 1814 a été publiée à
la suite des *Mémoires* de Roger de Damas, t. II, p. 468. Les
Mémoires de Roger de Damas, que M. Jacques Rambaud vient
d'éditer (Paris, Plon-Nourrit, 2 vol. in-8, 1912 et 1914), s'ar-
rêtent malheureusement au 14 février 1814.

(2) *Mémoires*, t. I, p. 364.

prenant que bientôt il leur faudra abandonner le pays qu'ils n'ont plus aucun .intérêt à ménager, redoublent parfois d'exigences ; *ils réalisent* le plus qu'ils peuvent, faisant rentrer avec rigueur les impôts, dévastant les forêts et les salines de l'État à leur profit. Mais les populations supportent ces tracasseries, parce qu'elles espèrent que bientôt des jours meilleurs se lèveront.

Cependant, le 23 avril, donc quelque temps avant la rentrée du Roi, une convention d'armistice est signée entre le comte d'Artois et les puissances alliées ; toutes les opérations de guerre sont suspendues ; les Alliés évacueront le territoire français à mesure que la France évacuera les places occupées encore par elle au delà de ses anciennes frontières ; l'administration des départements occupés par les Alliés sera remise par les cobelligérants aux magistrats nommés par le comte d'Artois ; le régime des réquisitions cessera aussitôt. En vertu de cet acte, prennent fin les pouvoirs de M. d'Alopeus et de M. de Marquardt. Roger de Damas fut aussitôt prévenu à Nancy, en même temps qu'on lui envoyait, à la place du titre suranné de gouverneur, celui de commissaire extraordinaire du Roi dans la 4e division militaire (1) — c'était un titre analogue qu'avait

---

(1) Il fit à ce moment une proclamation aux habitants de la Meurthe, qui fut enregistrée dans les délibérations du Conseil municipal et affichée dans la ville. Ce jour-là **M.** Mique demanda l'autorisation de s'absenter — il allait trouver à Paris le comte d'Artois. **M.** Payot de Beaumont fut désigné pour le remplacer en son absence et **M.** d'Arbois remplaça à son tour

eu au début de l'année le baron de Colchen — il devait
rétablir les autorités françaises dans la Meurthe et
les Vosges, faire une inspection générale, prendre
toutes les mesures nécessaires pour le maintien de
l'ordre. Damas transmit aussitôt le texte de ses ins-
tructions à d'Alopeus et Marquardt; ceux-ci préten-
dirent n'avoir reçu aucun avis de cette convention
du 23 avril; ils restèrent encore en place jusqu'au
14 mai; ce jour-là les caisses publiques furent remises
aux administrations françaises (1). Le 16 mai, d'Alopeus déclara : « Les fonctions que j'ai exercées ici
depuis l'entrée des troupes alliées venant de cesser,
je m'empresse de relever les fonctionnaires publics
des engagements que je leur ai fait contracter envers
les hautes puissances alliées (2). » Ces fonctionnaires
cessaient d'être ceux des Russes et des Prussiens; ils
redevenaient des fonctionnaires français (3).

M. de Beaumont comme procureur général. Sur la mission de
Roger de Damas comme commissaire extraordinaire, voir
Arch. nat. F7 7027.

(1) Les puissances alliées avaient ainsi régi le département
du 15 janvier au 16 mai, soit juste pendant quatre mois.

(2) Le 18 mai, M. de Nesselrode envoya à M. d'Alopeus,
de Paris, au nom d'Alexandre I er, le cordon de Saint-Alexandre
Nevsky, avec une lettre de félicitations sur la manière dont il
avait rempli sa tâche : « Sa Majesté a surtout appris avec
plaisir que vous avez si bien réussi à vous concilier les dispo-
sitions des habitants des provinces dont l'administration vous
avait été confiée dans des circonstances si difficiles. » Les
habitants ne gardèrent pas de M. d'Alopeus un souvenir aussi
agréable que le dit Nesselrode.

(3) M. d'Alopeus ne tarda pas à quitter Nancy. Le 15 décembre 1814 il envoya de Berlin à M. de Mique, préfet, au nom
d'Alexandre I er, une croix de Sainte-Anne, 2e classe, garnie
de diamants, « avec l'expression de ma reconnaissance pour

Des modifications importantes allaient du reste être faites parmi eux. Un arrêté rappela à leur poste les fonctionnaires qui, au début de janvier, devant l'invasion des Alliés, s'étaient retirés dans l'intérieur. Aux termes de cet arrêté, M. de Fréville aurait dû revenir à Nancy comme préfet de la Meurthe; mais le comte d'Artois avait disposé de ce poste; pour récompenser M. Mique de l'hospitalité qu'il lui avait donnée à Nancy, il l'avait nommé préfet et lui avait donné le titre de : *de* Mique, le jour même (2 mai) où celui-ci lui présenta à Paris en son nom une adresse enthousiaste (1). M. de Mique entra en fonc-

---

l'assistance que vous avez bien voulu me donner dans l'exercice du poste difficile qui m'était confié chez vous ». Le baron de Chambrey, qui avait commandé la maréchaussée, reçut le même jour la même décoration.

(1) Monsieur répondit à cette allocution : « Je voudrais pouvoir vous peindre la satisfaction que j'éprouve en me retrouvant avec vous; j'ai été si heureux à Nancy ! j'ai promis d'y retourner; je voudrais que ce fût bientôt; ce serait une preuve que le Roi, mon frère, aurait moins besoin de moi. » Le 1er mai, le corps municipal avait aussi rédigé une adresse pour Louis XVIII et il chargea MM. de Bénaville, d'Arbois, Drouot et de Raynant de la porter au Roi, de concert avec M. Mique. Elle est conçue en ces termes : « Sire, la soumission et la fidélité des habitants de Lorraine pour leurs souverains sont consacrées par l'histoire. Nous nous sommes empressés d'en donner des preuves à S. A. R. Monsieur, votre auguste frère, et nous osons nous flatter que nous avons eu le bonheur d'être des premiers à exprimer notre amour pour la maison des Bourbons. Nous nous rappelons avec attendrissement le moment où Son Altesse entrant dans notre ville a rendu les devoirs de la piété filiale au tombeau de ses pères. Nous supplions Votre Majesté d'être convaincue des sentiments de respect, de soumission, de fidélité et d'amour dont sont pénétrés les habitants de votre bonne ville de Nancy pour les descendants de saint Louis, de Henri IV et du bon roi Stanislas,

tions le dimanche 22 mai (1), et ce fut un choix malheureux. Le nouveau préfet était d'intelligence étroite, rempli de préjugés réactionnaires. Ce que les Alliés avaient fait lui semblait bien fait. Il maintint la municipalité de Nancy telle que les Alliés l'avaient établie le 10 février, donnant simplement le titre de lieutenant général à Payot de Beaumont; en vain on réclamait autour de lui le rétablissement du titre de maire, le rétablissement de la municipalité telle qu'elle était constituée en 1813, avec adjonction, pour remplacer les défaillants, des hommes désignés par les assemblées cantonales; seule de toutes les villes de la France, Nancy n'était

surnommé à juste titre le Bienfaisant » Une indemnité de 2.400 francs fut votée le 2 mai pour les députés chargés de porter l'adresse au Roi. Le 17 mai, cette députation fut reçue par le Roi qui répondit à l'adresse : « J'agrée, Messieurs, les sentiments dont vous venez de me donner l'assurance. J'en ai eu des témoignages il y a trente ans (*Allusion au voyage qu'avait fait à Nancy le comte de Provence le 12 août 1783*). Mon frère en a eu de plus touchants encore lorsqu'il est entré dans vos murs. » La délégation fut présentée le même jour à la duchesse d'Angoulême et M. de Bénaville lut une adresse (Voir le texte, *Journal de la Lorraine* du 29 mai). Madame répondit : « Messieurs, j'agrée les sentiments que vous m'exprimez; j'aurai bien du plaisir à me trouver parmi vous. Je sais combien Monsieur a été satisfait de sa réception dans la ville de Nancy. » La délégation présenta au Roi deux requêtes, l'une pour l'établissement à Nancy d'une Académie « qui rendrait à cette ville, quoique sous un autre nom, son ancienne université, sa splendeur, son lustre », l'autre pour la conservation de sa fabrique de tabacs (cette fabrique de tabacs a été établie par la ferme générale, sous l'ancien régime; treize fabriques particulières lui avaient succédé et avaient occupé jusqu'à 2.000 ouvriers; la fabrique, rétablie depuis quatre ans, se trouvait dans l'état le plus prospère).

(1) Pinodier redevint conseiller de préfecture.

pas rentrée dans le droit commun à la fin de 1814.
Mique demanda aussi le maintien de la maréchaussée
de d'Alopeus; il recommandait tous les hommes de
l'ancien régime. M. de Mique devait, par ses ma-
nières cassantes, empêcher la réconciliation de la
Meurthe avec les Bourbons (1).

Avec la réinstallation de l'Administration française, les charges de la ville de Nancy n'avaient point
encore pris fin. La ville et le département avaient
dû loger et entretenir les troupes russes et prussiennes
pénétrant en France; elle dut maintenant loger et
entretenir la masse des troupes alliées qui rentraient
dans leurs foyers. Les réquisitions continuaient (2);

----

(1) Il fallut à la fin de l'année donner l'ordre à M. de Mique
d'attribuer à Payot de Beaumont le titre de *maire par intérim*
et de déléguer dans les fonctions d'adjoint deux membres de
l'ancien Conseil municipal; il choisit, le 22 décembre, Crousse
et Mandel (François). Tous les autres membres de la municipalité des Alliés durent cesser leurs fonctions. La nomination
du nouveau Conseil municipal traîna tout le début de l'année
1815 et au moment où Napoléon entrait aux Tuileries, Nancy
était sans conseil. Wallet-Merville qui prit le titre de préfet
nomma, le 25 mars 1815, un conseil intérimaire. Beaucoup
d'individus intriguèrent à la fin de 1814 pour entrer dans le
Conseil et on trouve aux Archives nationales F1bII, Meurthe 14,
une série de demandes ou de recommandations. Le député
baron Thiry veut comme maire de Nancy le comte de Montureux-Fiquelmont; de Mique penche vers Payot de Beaumont ou Drouot. Berr-Isaac-Berr veut faire partie de la nouvelle municipalité. Il a été du Conseil quinze ans; il a plaidé
depuis quarante ans pour ses coreligionnaires; il se met en
avant pour un principe. Il a été avant 1789 en relations avec
le comte d'Artois (il oublie de dire qu'il a répudié ces souvenirs
sous la Révolution). Des délations sont faites contre Mique :
il est fils de failli; devenu riche, il n'a pas acquitté les dettes
de son père; il emploie un régicide, etc...

(2) Au début de mai, le sous-préfet fit réquisition à la ville

seulement elles étaient faites désormais par les autorités françaises. Pendant tout le mois de juin, ce furent des passages continuels de troupes russes ou polonaises (1), non seulement des Polonais ayant servi Alexandre Ier, mais des Polonais ayant combattu pour Napoléon Ier et retournant en Pologne. Le 11 juin passèrent ainsi à Nancy des Polonais sous le commandement du comte Michel Sokolnicki (2); ils firent une démonstration un peu théâtrale sur le tombeau de Stanislas à Bonsecours; Sokolnicki prononça un emphatique discours, « un salut à l'ombre » du roi de Pologne; le préfet M. de Mique répondit

de Nancy de 1.000 hectolitres d'avoine et 110 hectolitres d'eau-de-vie; en sa séance du 6 mai, le Conseil municipal accepta la soumission du sieur Mouchy et d'Isaac Godfary pour la fourniture de l'avoine, à raison de 6 francs l'hectolitre, et des sieurs Gény et Lamoureux pour la fourniture de l'eau-de-vie, à raison de 87 francs l'hectolitre. Le 8 mai, le Conseil municipal prit un arrêté pour les logements.

(1) Le lieutenant de police Payot de Beaumont fit une proclamation bien maladroite pour engager les habitants de Nancy à bien recevoir les Alliés : « On doit se souvenir que ce sont ces mêmes hommes qui viennent, au prix de leurs fatigues et de leur sang, de vous procurer la paix et le bonheur après lesquels nous soupirions depuis si longtemps; c'est à eux que nous sommes redevables du plus grand et du plus signalé des bienfaits : le rétablissement du roi Louis XVIII sur le trône de ses pères; cette seule considération fait un devoir d'accueillir ces militaires avec bonté. »

(2) Il avait pris une grande part à l'insurrection de la Pologne de 1794 et fut détenu à Saint-Pétersbourg jusqu'à l'avènement de Paul Ier. Rendu à la liberté, il se mit au service de la France, commanda l'infanterie de la légion polonaise, combattit à Hohenlinden, fit partie de l'expédition de Saint-Domingue. Il assista aux campagnes de 1805, 1807, à celle de Russie de 1812, combattit sous Paris en 1814. Rentré en son pays, il mourut d'une chute de cheval le 23 septembre 1814.

par un éloge de Louis le Désiré, digne petit-fils de
Stanislas, et une table de marbre conserve encore à
Bonsecours le souvenir de cette visite. Bientôt même
le bruit courut que Sokolnicki avait emporté le squelette du roi de Pologne, et la municipalité de Nancy
dut protester contre ce faux bruit (1). Puis séjour-
nèrent à Nancy, les 15 et 16 juin, la 1re colonne russe,
quartier général (2.000 hommes et 4.000 chevaux),
les 17 et 18, la 3e colonne, cuirassiers et gardes à cheval (6.500 hommes, autant de chevaux), les 18 et 19,
la 2e colonne, grenadiers (12.000 hommes, 3.500 chevaux), les 22 et 23, la 4e colonne, gardes prussiennes
et badoises à pied et à cheval (11.000 hommes et
4.500 chevaux), les 25 et 26, la 5e colonne, troupes
polonaises (6.000 hommes, 4.000 chevaux), les 26 et 27,
la 6e colonne, garde impériale russe (9.000 hommes, 2.000 chevaux). A partir du 10 juillet (2) passèrent les soldats russes qui avaient été soignés dans
les hôpitaux et qui se trouvaient assez forts pour
faire le chemin (3). Il fallait loger toutes ces trou-

---

(1) Le 3 septembre 1814, le Conseil municipal fit transférer les
dépouilles mortelles de Stanislas du petit caveau dans le grand
caveau où elles se trouvaient primitivement. Procès-verbal
fut dressé de l'état du squelette et inséré au registre des délibérations. Quand des journaux, comme le *Moniteur*, la *Quoti-
dienne*, reproduisirent à nouveau le faux bruit de l'enlèvement
du corps de Stanislas, la municipalité refit, le 11 octobre, une
protestation en due forme.

(2) M. de Mique fit encore le 4 juillet une circulaire sommant
les habitants de bien recevoir les soldats.

(3) Ces troupes, qui auraient pu répandre la contagion,
furent logées au quartier de l'Opéra. Le sieur Mouchy fit la
soumission de les nourrir et un impôt extraordinaire au marc
le franc des contributions personnelle et mobilière fut mis
sur les habitants de la ville.

pes (1), leur procurer des vivres, et l'habitant de
Nancy était à nouveau foulé. Il y eut entre les habitants et ces soldats étrangers des rixes qu'on cherchait à cacher; les plaintes contre les vexations des cosaques furent nombreuses; finalement, à la fin de juillet, le territoire de Nancy était débarrassé de troupes étrangères (2)... Un certain nombre de cosaques dormaient de leur dernier sommeil dans **un** enclos dans le quartier Sainte-Marie; le long de notre rue Sainte-Marie actuelle, se trouvait le « cimetière des Russes ».

Cependant, à la fin de juin, le commissaire extraordinaire Roger de Damas, après une visite minutieuse des deux départements de la Meurthe et des Vosges, était rentré à Paris, et il ne devait plus revenir dans nos régions. Le Roi avait nommé peu de temps auparavant (début de juin) commandant de la 4ᵉ division militaire le **général de Pacthod** (3),

---

(1) Comme on était à ce moment en été, quelques-unes de ces troupes bivouaquèrent dans la prairie de Tomblaine.

(2) Le comte d'Erberg, commandant les troupes russes, demeura à Nancy jusqu'au début de septembre; la municipalité décida, dans sa séance du 7 septembre, de lui offrir une tabatière en or, comme témoignage de sa reconnaissance pour le bon ordre qu'il avait su maintenir.

(3) Michel-Marie Pacthod était né à Saint-Julien (Haute-Savoie) le 14 janvier 1764; il entra au service de la France en 1792, fut chef de bataillon des volontaires du Mont-Blanc, et bientôt s'éleva aux premiers grades de l'armée. Il assista à la bataille de Friedland et fit la campagne d'Espagne (en 1808). Promu général de division, il fut blessé à Wagram; en 1813 il fut nommé comte de Bautzen. Il se distingua dans la campagne de France, notamment à Montereau. La seconde Restauration le nomma en 1818 inspecteur général de l'infanterie. Il mourut à Paris le 24 mars 1830.

qui vint s'installer au Palais du Gouvernement (1);
puis, lentement, par petites bandes détachées, les
soldats français étaient revenus. Deux régiments, le
4ᵉ d'infanterie, c'est-à-dire le régiment Monsieur (2),
et le corps royal des chasseurs, prirent possession des
casernes Sainte-Catherine et du Quartier-Neuf; un
régiment de cavalerie s'installa au quartier Saint-
Jean. Aucune réception ne leur fut faite; le *Journal
de la Lorraine* ne dit pas un mot de leur arrivée. Il
semble que M. de Mique redoutait presque leur présence (3); quel contraste avec ces journées d'octobre
1873, où, après une autre occupation prussienne,
le clairon français retentit dans les rues et où la ville
fit une réception enthousiaste au 26ᵉ de ligne !

III

Les étrangers sont ainsi partis; l'administration
est réorganisée; les grands événements qui marquè-

---

(1) Le comte Alexandre d'Olonne, qui était au nom des
Alliés commandant dans le département et dans la place de
Nancy, annonça par un ordre du jour cette nomination le
7 juin.

(2) Le 1ᵉʳ était le régiment du Roi, le 2ᵉ celui de la Reine,
le 3ᵉ le régiment *Dauphin*.

(3) Il y eut quelques rixes entre les cosaques qui partaient
et les soldats français qui revenaient. Le lieutenant général
russe Maierski raconte dans ses Mémoires en russe qu'après
la prise de Paris, il passa par Nancy. Près de la ville il croisa
un régiment français dont les hommes le couvrirent d'injures.
Il fit semblant de ne pas comprendre, raconta sa mésaventure
au maire qui, pour le consoler, le logea dans une famille roya-
liste où il but du champagne à la santé du Roi et du Tsar
(Communication de M. Haumant, professeur à la Sorbonne).

rent à Nancy la seconde moitié de l'année, ce furent
toute une série de cérémonies. D'abord des fêtes religieuses. Mgr d'Osmond — il reprenait la particule —
était revenu, au milieu de mai, de son archevêché de
Florence à Nancy, pour reprendre le gouvernement
de son ancien diocèse et, dans ses mandements, il
retrouvait en l'honneur de Louis XVIII à peu près
les mêmes phrases qui avaient jadis servi pour Napoléon. Il présenta au pape Pie VII ses excuses d'avoir
accepté de l'intrus l'archevêché de Florence, puis
multiplia les *Te Deum* et les cérémonies expiatoires :
dimanche 29 mai, *Te Deum* solennel pour l'heureux
retour de S. M. Louis XVIII; mardi 31 mai, service pour le repos de l'âme du vertueux monarque
Louis XVI, de Marie-Antoinette, de Louis XVII,
leur auguste fils, de Mme Élisabeth de France; dimanche de la Trinité, 5 juin, procession solennelle
à Notre-Dame de Bonsecours et l'évêque consacre la
France à Marie, la glorieuse reine des cieux; 6 juin,
messe solennelle en actions de grâces de l'heureux
retour de S. S. Pie VII « dans la capitale du monde
chrétien »; 15 août, jour de l'Assomption, autre procession à Bonsecours « pour remplir le vœu de
Louis XIII ». Et bientôt les cérémonies de joie ou
les cérémonies expiatoires se succèdent dans tous
les villages du département, qui font insérer un
compte rendu dans le *Journal de la Lorraine :* on
célèbre des services pour le duc d'Enghien, pour
Cadoudal. Les protestants et les israélites rivalisent
avec les catholiques; le 26 mai, le grand *hallel* est
récité à la synagogue en l'honneur de « l'heureux

retour de S. M. Louis XVIII ». Ce sont ensuite une série de fêtes en l'honneur de la paix du 30 mai. Elle est publiée le 7 juin, au son des cloches et au bruit du canon, par le corps municipal, qu'escortent la garde nationale, la compagnie de réserve et la gendarmerie royale et que précède une musique « guerrière » (*sic*). Le 15 août, on ne fête plus sans doute la « Saint-Napoléon »; ce saint est relégué dans le néant d'où il a été tiré; mais le 25 août on chôme la Saint-Louis et les réjouissances habituelles se succèdent (1) : son des cloches, salves d'artillerie, revue et parade sur la Place royale, — la Place Napoléon (*Stanislas*) a repris son ancien nom (2), — dîner à

---

(1) Le programme de la fête du 25 août 1814 fut approuvé par le Conseil municipal, dans sa séance du 19 août.

(2) C'est dans sa séance du 2 mai 1814 que le Conseil municipal s'occupa du nom des places et des rues; il voulait, disait-il, « effacer toutes les traces du délire et de la fureur qui, après s'être montrés pendant un trop long interrègne, au milieu d'un amas de ruines et d'un bouleversement général, restaient encore affichés jusque dans les rues et sur les places de cette ville ». Il rendit d'abord aux places et rues les noms sous lesquels elles étaient désignées avant 1792; il décida que la petite place de Grève (*de Dombasle*) s'appellera désormais place de l'Université; la place où existait l'hôtel de Loewenstein (*La Fayette*), place Mique; le cours de la Liberté (*Léopold*), cours Stainville; la rue de l'Évêque (*Girardet*), rue Monsieur. « Sur la place Mique sera érigé un monument sur lequel un bas-relief représentera l'heureuse arrivée de S. A. R. Monsieur à Bonsecours et le corps municipal, présidé par M. Mique, recevant ce prince et lui exprimant les sentiments de la cité avec une inscription analogue à la circonstance. » Ampliation de cette délibération fut adressée à Monsieur. Comme Mique s'opposa à ce que, de son vivant, son nom fût donné à une place, la place qu'on lui voulait consacrer fut nommée place de Vioménil. Vioménil, dont l'hôtel avait été aussi sacrifié

l'hôtel-de-ville, illumination, bal offert par le préfet
M. de Mique dans les salons de l'hôtel-de-ville. A
midi on a inauguré la statue commandée au sculpteur
Labroise en 1808 pour être dressée sur le socle qui
jadis portait l'image de Louis XV. Au début elle
devait représenter le Génie de la France couronnant
les aigles impériales; elle représente maintenant le
Génie de la France couronnant les chiffres entrelacés
de Louis XV et de Stanislas sur la place : un monument peut être interprété de diverses façons. Puis
ce sont encore d'autres fêtes pour la réception du
fils du comte d'Artois, le duc de Berry (1). Il arrive
à Nancy le vendredi 30 septembre à 4 heures du soir
par la Porte neuve (*Désilles*) (2); il gagne directement
la cathédrale où Mgr d'Osmond le reçoit à la tête de
son clergé; il va de là à la préfecture, où ses appartements sont préparés, et il assiste au théâtre à un
banquet de 200 couverts; toutes les loges sont occupées par des dames vêtues de blanc qui le regardent
manger. Des toasts nombreux sont prononcés, et,
après le repas, Son Altesse Royale, sur le balcon
de l'hôtel-de-ville, donne le signal du feu d'artifice,

---

pour la formation de la place, s'était exilé sous la Révolution. A la seconde Restauration, Louis XVIII lui conférera
le bâton de maréchal.

(1) Le programme est arrêté par la municipalité dès le
31 août : le même devait servir pour le comte d'Artois dont
l'arrivée était annoncée après celle du duc de Berry.

(2) Le corps municipal avait député près de lui à Metz
MM. Mandel le jeune, Trousset, receveur-trésorier, de Ravinel,
officier de la garde nationale, chargés de le prier d'accepter
un banquet.

puis fait une apparition au bal. Le lendemain 1er octobre, dans la plaine de Tomblaine, il passe la revue de la garnison de Nancy et des garnisons voisines; il distribue des croix de Saint-Louis et des croix de la Légion d'honneur (M. le préfet de Mique, le lieutenant de police Payot de Beaumont reçoivent ce dernier ordre); l'évêque bénit le drapeau qui est remis au 4e régiment d'infanterie. Après les exercices militaires, le duc revint déjeuner en ville chez le général Pacthod, puis partit à midi et demi pour Lunéville et Strasbourg. Les comptes rendus officiels vantent la prestance et la bonne grâce du duc; en réalité, par sa brusquerie, ses colères violentes, il avait produit une très mauvaise impression (1), et il fallut que son père, le comte d'Artois, dans le voyage qu'il fit peu après à Nancy, s'efforçât de la corriger (1). Monsieur (2) fit son entrée dans la ville le 2 novembre à midi, arrivant de Lunéville (2). A Bonsecours atten-

----

(1) A Metz on tenait les propos suivants : « Le duc a été d'une violence extrême; il a arraché les épaulettes à un officier, la croix de Saint-Louis à un autre; il a tenu des discours outrageants aux élèves de l'école d'artillerie et du génie. » On l'accusait même de s'enivrer, alors que Vaublanc, à ce moment préfet de la Moselle, affirme qu'il ne buvait que de l'eau (*Mémoires*. Collection Barrère, t. XIII, p. 447). De Nancy, le duc de Berry se rendit en Alsace. Le préfet Adrien Lezay-Marnésia vint au-devant de lui. Mais les chevaux de sa voiture, effrayés par la mousqueterie, s'emballèrent; le préfet fut grièvement blessé et, ramené à Strasbourg, expira le 9 octobre. Le duc de Berry se montra très insensible devant ce grand malheur.

(2) Il quitta Paris presque aussitôt après la rentrée du duc de Berry. Il se rendit à Lyon et à Marseille pour revenir par la Savoie, la Bourgogne, la Franche-Comté, l'Alsace et la Lorraine.

daient le maire, le préfet, toutes les autorités (1);
on rappela naturellement cette journée du 19 mars
où, de Vesoul, le comte d'Artois était venu en notre
ville pour observer les événements ; ses vœux avaient
été comblés puisque son frère était roi et lui-même
dauphin, dauphin un peu mûr, mais de glorieuses
destinées semblaient prédites à ses fils. Monsieur fit
ses dévotions dans l'église, monta à cheval, traversa
l'arc de triomphe élevé au faubourg, puis caracola
dans la rue Saint-Dizier magnifiquement décorée.
Sur la Place royale il passa en revue les troupes,
puis descendit à l'hôtel de la préfecture, où cin-
quante demoiselles vêtues de blanc élevèrent au-
dessus de sa tête des couronnes de myrtes et de lau-
riers, formant une voûte sous laquelle il passa en ses
appartements. Son Altesse dîna au théâtre — le
banquet était offert par la garnison et la garde
nationale — et, après le toast qui lui fut porté,
tous les officiers tirèrent leurs épées qu'ils croisè-
rent en signe d'approbation et de dévouement (2).
Le lendemain, après avoir assisté à la messe à la
cathédrale, le comte d'Artois se rendit à la revue,
dans la plaine de Tomblaine, se montra affable

---

(1) MM. Mandel le jeune, Jacob et Raynant avaient été
envoyés le 31 octobre au-devant du comte d'Artois à Lunéville.

(2) Le comte de Vaublanc, présent au banquet, écrit :
« A ce festin militaire se déploya le plus grand enthousiasme.
Les cris ordinaires, les épées tirées et croisées qui ne devaient
plus servir, selon le nouveau serment, que pour la cause des
Bourbons, c'était, j'en suis persuadé, l'effet d'un sentiment
loyal dans le moment où il se montrait. » (*Mémoires,* p. 444.)
Cf. *infra,* p. 66.

envers tous, écouta avec patience un très long discours de Mique, puis assista au serment que prononcèrent individuellement les principaux fonctionnaires. Dans l'après-midi, il visita les hôpitaux :
hôpitaux Saint-Stanislas et Saint-Charles, hôpital
militaire, hôpital Saint-Julien; il distribua des déco-
rations (M. de Mique fut nommé officier de la Légion
d'honneur), reçut les dames de la Halle, alla dîner
une seconde fois au théâtre — le banquet était offert
par la municipalité — puis feu d'artifice et bal. Quand
le comte d'Artois quitta Nancy pour Toul, le 4 novembre à 10 heures du matin, il put croire que la
dynastie des Bourbons était aimée dans la ville de
Nancy, qu'elle n'y comptait que des partisans cha-
leureux (1).

Dans l'intervalle de ces fêtes, Nancy semblait un
calme chef-lieu de département; les faits qui en mar-
quent la vie, ce sont ceux que ramène le cours régu-
lier de l'année. C'est, le 18 août, la séance publique
de la Société des sciences et lettres de Nancy, notre
Académie de Stanislas. Les lectures sont très nombreuses : est prononcé, entre autres, l'éloge du biblio-
thécaire Fachot, récemment décédé (2). Lamoureux
aîné, dans une apostrophe aux prisonniers espagnols,
rappelle que toujours la bibliothèque a été pour eux

---

(1) La municipalité dut payer 23.645ᶠ 30 pour les fêtes
offertes au duc de Berry; elle vota 10.800 francs pour la fête
offerte au comte d'Artois.

(2) Le Conseil municipal l'avait remplacé le 22 juin par
M. Hubert Lesoing, né à Nancy, autrefois premier vicaire de
la paroisse Notre-Dame, église cathédrale.

un asile ouvert, de même qu'ils ont pu s'instruire aux
cours de la Faculté des lettres ; et tous les orateurs
encensent les Bourbons. C'est, le 1er septembre, la
distribution des prix du lycée — les vacances ont été
avancées depuis — ici encore éloge des Bourbons :
ces jeunes gens qu'on couronne ne seront pas, comme
leurs aînés, fauchés par la guerre. C'est la réouver-
ture de la saison théâtrale. Elle est dirigée par la
dame Herbelot, et la recette est assez fructueuse,
sans qu'elle le soit autant qu'au début de l'année,
alors que les officiers russes fréquentaient le spectacle (1) ; la salle n'est bondée que le soir où Mlle Du-
chesnois, « première artiste » du Théâtre-Français,
joua *Phèdre* (mercredi 14 septembre). Et dans ce
même théâtre on chante bien souvent des couplets
en faveur des Bourbons, et l'air de *Vive Henri IV*
remplace celui de : *Où peut-on être mieux* (2). Puis

____

(1) On voyait au théâtre non seulement les officiers alliés
qui étaient de passage, mais encore ceux qui sont restés à
Nancy et « qui ont remplacé au quadruple la faible garnison
qu'on pouvait avoir en temps ordinaire ». Aussi, le 21 avril
1815, le Conseil municipal repoussa une demande de réduction
sur son loyer, que la dame Herbelot lui avait adressée.

(2) A un certain moment, Charles-Guilbert de Pixerécourt,
comme procureur fondé des auteurs dramatiques, voulut faire
saisir la recette du spectacle ; mais le lieutenant de police le
débouta de sa demande, le 12 novembre 1814. Par décision
du ministre de l'Intérieur en date du 7 juillet 1814, la direc-
tion des théâtres de Nancy et de Metz devait être donnée
la saison suivante et pour trois ans à Jules Serrand, ancien
acteur et ancien régisseur du théâtre de Nancy ; en cette
dernière qualité, « il s'était particulièrement rendu recom-
mandable par le soin et le succès avec lesquels il dirigeait les
divertissements, marches, évolutions dans les mélodrames et
pièces à grands spectacles. Son épouse était extrêmement
agréable dans l'emploi des soubrettes ».

ce fut, le 15 octobre, l'ouverture du Conseil général
de la Meurthe. Le préfet, s'adressant « aux Solons
modernes du département », exalte Louis XVIII et
les conseillers demandent l'allégement des charges
pesant sur le département à la suite de l'invasion;
ils réclament le transfert à Nancy de l'École de droit
qui se trouvait à Coblence, la création d'un sixième
arrondissement en faveur de Pont-à-Mousson, injuste-
ment sacrifié, le rétablissement des corporations, la
défense d'établir dans le département aucune usine à
feu nouvelle sans permission spéciale; et à leurs
séances retentit le cri de : Vivent les Bourbons! Le
Conseil général vote une adresse au Roi (1) et le
Conseil d'arrondissement de Nancy fait de même
parvenir au Roi les témoignages de son amour et de
son dévouement. Les magistrats qui composent la
« cour royale » rivalisent de zèle avec les conseillers
généraux et les conseillers d'arrondissement; le

---

(1) Le 29 novembre, la députation du Conseil général de
la Meurthe fut admise auprès du Roi. Elle était composée
de M. Schmits, président du Conseil général, de Jankowitz,
secrétaire, du comte de Montureux-Fiquelmont, du baron
Rolland de Malleloi et d'Olry. S'étaient adjoints à la députation le prince de Poix, capitaine des gardes du corps du Roi;
le maréchal comte Gouvion de Saint-Cyr, le comte Gouvion
et le comte Klein, le baron Thiry et Grivaux, membres de la
Chambre des Députés, le comte Charles d'Ourches, le colonel
Christophe, le comte de Brunet, officier des gardes du corps,
et le maréchal de camp Duverger. Louis XVIII répondit à
l'adresse : « Je suis très sensible à l'expression des sentiments
du Conseil général du département de la Meurthe. Il a déjà
manifesté les mêmes sentiments dans des occasions très difficiles. Mon frère en a recueilli de nouveaux témoignages; et
moi je n'oublierai jamais l'accueil que j'y ai reçu il y a trente
ans. »

recteur M. Riegel fait distribuer aux élèves du lycée des écrits de sa composition en l'honneur du Roi; et l'année 1814 va se terminer par une cérémonie patriotique. Le lundi 26 décembre, eut lieu la bénédiction des étendards destinés aux corps de cavalerie qui étaient stationnés dans la 4e division militaire, à savoir les deux régiments de carabiniers de Monsieur, les deux régiments de carabiniers Berry, le 5e cuirassiers Berry, le 6e et le 10e dragons. Des détachements de ces corps se rendirent à la cathédrale (1), et là, en présence du commandant de la division, le comte de Pacthod, l'évêque, Mgr d'Osmond, prononça un discours « analogue aux circonstances » et bénit les étendards que tenait le colonel de chaque régiment; Mme de Mique, la femme du préfet, y attacha les cravates. A la sortie de l'église, les colonels portaient eux-mêmes les drapeaux, et quand le cortège arriva Place royale, où étaient massés les cavaliers, le comte Pacthod lui-même, en regardant ces emblèmes blancs, célébra « le plus grand comme le meilleur des rois »; il passa ensuite sur le front des fantassins — chasseurs de France et régiment de Monsieur, de la garnison de Nancy, — alignés sur la place de la Carrière; enfin toutes les troupes défilèrent devant leur chef (2).

____

(1) Ils avaient pris les étendards nouveaux au palais du Gouvernement : ces étendards étaient renfermés dans leurs fourreaux.

(2) A 5 heures du soir, Pacthod offrit aux officiers un banquet de 200 couverts à l'hôtel-de-ville; des couplets y furent chantés en l'honneur de la famille royale. De Mique écrit au

Celui qui ne lit que la relation de ces démonstrations officielles pourrait croire que la ville de Nancy était entièrement gagnée à la cause des Bourbons. Mais, si l'on y regarde d'un peu plus près, l'impression se modifie. Même, dans leurs actes officiels, les corps constitués font des réserves significatives. Le Conseil général, dont les membres avaient été désignés par Napoléon, demande au Gouvernement d'annuler la législation étrangère qui pèse encore sur le département : c'était se déclarer contre M. de Mique qui maintient le corps municipal nommé par d'Alopeus ; dans son adresse, il insiste sur la charte : « Vous savez, Sire, que la puissance s'affermit en se bornant, et que le premier besoin des rois est d'assurer le bonheur des peuples. » M. de Mique ne veut pas désigner de nouvelle municipalité de Nancy, et il écrit en substance au ministre de l'Intérieur le 22 décembre : « Nancy est une ville assez difficile à conduire, d'autant qu'elle conserve dans son sein beaucoup de piliers du dernier gouvernement qui ne seraient que trop disposés à remuer s'ils n'étaient comprimés ; il n'y a que le temps qui les peut ramener (1). » Et ses rapports désignent sans cesse la population comme *mauvaise*. Le peuple, qui a été très heureux de la paix, est mécontent des impôts dont le fardeau l'accable ; on lui a promis l'abolition des droits réunis et les Bourbons continuent de les

---

ministre de l'Intérieur le lendemain 27 décembre : « Cette cérémonie touchante rappelait les beaux temps de la chevalerie et des mœurs véritablement françaises. » (Arch. nat. F⁷ 6600.)

(1) Arch. nat. F¹ᵇ II, Meurthe, 14.

lever ; quelques employés subalternes déploient même, pour les percevoir, un grand zèle ; ceux des tabacs surtout sont impitoyables. Le nouveau gouvernement, pour faire fleurir la religion, multiplie les processions : il interdit de travailler les dimanches (1) ; il a comme un relent de sacristie. La municipalité de Nancy rétablit les frères des écoles chrétiennes (2) ; des menaces sont adressées aux détenteurs des biens nationaux : aussi le peuple est-il fort mécontent. La bourgeoisie elle-même voit avec regret toutes ces manifestations extérieures un peu puériles. On a compté beaucoup sur elle ; elle résiste. Le Gouvernement a ouvert une souscription pour le rétablissement de la statue de Henri IV sur le Pont-Neuf à Paris ; malgré tous les appels du *Journal de la Lorraine*, elle ne produit aucun résultat. En 1813, les membres du collège électoral du département avaient fait une autre souscription pour élever un mausolée à leur ancien président Duroc, duc de Frioul, tué à l'ennemi ; elle a produit 2.420 francs. On propose d'employer cette somme à la statue de Henri IV ; et quelques-uns des souscripteurs osent retirer leur offrande. Et voici que reviennent à Nancy ces fonctionnaires qui avaient été employés dans les départements lointains, sur le Weser, sur l'Elbe, sur le Pô et le Tibre, employés des Finances, de la

---

(1) L'ordonnance du directeur général de la police sur la célébration du dimanche (7 juin) et la charte constitutionnelle de la même date furent promulguées et affichées en même temps à Nancy (18 juin).

(2) Délibérations des 23 et 30 juillet.

Justice, de l'Administration; ils réclament au Gouvernement une place qui leur permette de vivre. Voici encore qu'en France les régiments d'infanterie sont réduits à 90, ceux de cavalerie à 56, ceux d'artillerie et du génie en proportion. Les officiers en surnombre sont renvoyés; ils sont mis à la demi-solde avec un certain droit de reprendre place dans l'armée au fur et à mesure des vacances. Mais dans cette armée nouvelle leur sont préférés ceux qui ont été à Coblence, ceux qui ont lutté contre la France, alors qu'eux, à Iéna, à Wagram, à la Moskowa se couvraient de gloire, alors qu'eux ont défendu la patrie envahie. Demisoldes et employés évincés remplissent de leur oisiveté et de leurs revendications les cafés de la ville. L'armée elle-même, l'armée active, est hostile au Gouvernement. Lorsque, le 2 novembre, eut été terminé au théâtre le banquet militaire offert au comte d'Artois, après le départ du prince « quelques personnes se glissèrent dans la salle où un grand nombre de militaires étaient encore à table : elles entendirent alors des discours bien différents de ceux qui avaient frappé les oreilles du Roi » (1). Les soldats regrettaient l'*autre*, ne parlaient que de l'autre. Les régiments de Nancy sont considérés comme *mau-*

---

(1) VAUBLANC, *Mémoires*, p. 444. Le préfet de Metz était venu à Nancy et assista à ce repas. Les élèves de l'école d'artillerie et du génie avaient donné, lors du passage du duc de Berry à Metz, les signes d'un grand mécontentement; « ils balançaient pour ôter leurs chapeaux; le duc observa même des gestes contraires à la plus simple bienséance ». Lors de la réception du duc, « plusieurs élèves prononcèrent, dans le premier salon, des phrases très inconvenantes ».

vais; M. de Mique les dénonce. La gendarmerie revenue a refusé pendant longtemps de reprendre la cocarde blanche et le préfet regrette la maréchaussée. Et un beau matin, le jeudi 23 mars 1815, un bruit se répand à Nancy comme une traînée de poudre : Il est aux Tuileries! Comment la nouvelle s'est-elle répandue? On ne l'a jamais su; certainement au bout d'une heure, toute la ville la connaît. Les habitants sont dans la rue, s'embrassent; les cocardes tricolores, qu'on a gardées avec soin, apparaissent aux chapeaux, et sur la Place Stanislas, à la fenêtre centrale de la préfecture, est hissé le drapeau bleu, blanc et rouge : c'était le drapeau de l'ancienne compagnie de réserve, caché à la préfecture même pendant la première Restauration (1); par-dessus les têtes des habitants de Nancy, accourus en foule, flottaient au vent les trois **glorieuses couleurs.**

------

(1) Sans doute par Wallet-Merville. Après la réorganisation de l'Administration française, il était revenu à Nancy et avait repris son poste de secrétaire général.

APPENDICE

Dans les Mémoires du baron de Müffling, général de brigade, quartier-maître à l'état-major de Blücher, dont le général de division de Gneisenau était le chef, on trouve un curieux passage sur le séjour de Blücher à Nancy. M. le lieutenant Mauguin (1) a attiré notre attention sur ces Mémoires, parus à Berlin en 1851 sous le titre : *Aus meinem Leben*. Nous publions ici une traduction que M. le lieutenant Mauguin a bien voulu faire de ce passage qui se trouve à la page 97 de l'original.

LE MARÉCHAL BLUCHER A NANCY EN 1814

« Nancy fut la première des bonnes villes de France dans laquelle nous entrâmes. Gneisenau estima que cette entrée devait avoir lieu avec une certaine pompe, et que le maréchal devait profiter de l'occasion pour faire connaître son programme à toute la France : le journal de Nancy servirait en l'occurrence. Le maréchal y consentit.

« Le 16 janvier, lorsque l'avant-garde de Sacken eut pénétré dans la ville, le colonel comte Nostitz fut envoyé à l'avance, pour prévenir le maire qu'il aurait à accueillir solennellement le maréchal par une harangue, et de plus, en cette ancienne cité germanique (*sic*), par une harangue en langue allemande, dont il remettrait le brouillon.

---

(1) Au début de la présente guerre, M. le lieutenant Mauguin a été grièvement blessé; il a été promu capitaine, nommé chevalier de la Légion d'honneur et décoré de la Croix de guerre.

« Le comte Nostitz revint avec le brouillon dans la nuit. Gneisenau composa la réponse que le maréchal approuva bien, mais qu'il affirma ne pouvoir apprendre par cœur en route. Je fus alors constitué souffleur, et montai en voiture avec lui, afin de lui faire étudier le discours.

« Anxieux, le maire avait déjà réuni les notables de la ville dans une salle, lorsque le maréchal, entouré de sa suite nombreuse, entra, et écouta avec bienveillance les paroles alambiquées du maire.

« D'une part, il n'était pas possible de méconnaître la crainte qu'inspirait Napoléon, lui qui, au premier mot prononcé trop fort, pouvait ordonner une fusillade; d'autre part, nos dignes cosaques en imposaient avec leurs longues lances acérées placées sous le bras, montrant nettement qu'ils saisissaient toute l'importance de leur rôle dans l'histoire.

« Mais, comme les figures s'éclaircirent, lorsque le maréchal se prononça, avec sa rudesse de soldat, contre les «rats des caves » (1) (sobriquet des fonctionnaires qui ont à contrôler les caves), et déclara les « droits réunis » supprimés !

« Le discours fut imprimé et répandu dans toute la France par les voitures de poste que nous fîmes partir dans toutes les directions.

« Le maire avait remis, portée par un homme, une clef ancienne, comme clef de la ville. Elle fut envoyée, par un courrier spécial, aux souverains, en attendant que les clefs de toutes les autres « bonnes villes » le fussent également.

« On fit comprendre à la ville qu'elle devait témoigner sa reconnaissance en fêtant le maréchal par un banquet.

« Elle s'y soumit; le maréchal but à la prospérité de la bonne ville, et tout allait pour le mieux, — les sténogra-

______

(1) Les mots entre guillemets sont en français dans le texte.

phes avaient fort à faire, — lorsque le général Sacken se leva :

« Je vous prie, Messieurs, de vider avec moi votre verre « à la santé de la France, à la paix et à l'amitié de ce beau « pays avec tous les peuples de l'Europe, qui lui tendent « amicalement la main, et attendent qu'elle la leur serre « dignement — les mains françaises se levèrent; — nous « sommes venus pour vous apporter le bonheur et la liberté, « mais vous saisirez vous-mêmes que ce n'est possible qu'à « une condition : la ruine et la mort du tyran, qui a été « trop longtemps déjà le fléau du peuple français et le « tourment de l'Europe. »

« Les mains s'étaient peu à peu abaissées de nouveau. Les visages s'allongèrent et pâlirent. Nous autres soldats, nous vidâmes nos verres avec le général Sacken, et fûmes trop discrets pour attendre davantage de nos hôtes que des regards baissés à terre et de vagues soupirs. »

NANCY, IMPRIMERIE BERGER-LEVRAULT — SEPTEMBRE 1916